UTOP 权威探秘百科

飞行世界
/天空征服者探秘/

〔美〕范·哈迪斯蒂 编著　韩洪涛 翻译

晨光出版社

图书在版编目（CIP）数据

UTOP权威探秘百科.飞行世界/（美）范·哈迪斯蒂编著；
韩洪涛译.—昆明：晨光出版社，2016.7（2025.4重印）
ISBN 978-7-5414-8222-9

Ⅰ.①U… Ⅱ.①范… ②韩… Ⅲ.①科学知识–少儿读物
②航天学–少儿读物 Ⅳ.①Z228.1 ②V4-49

中国版本图书馆CIP数据核字（2016）第123029号

Insiders Series — Flight
Text © Von Hardesty
Copyright © Weldon Owen International, LP

All rights reserved. No part of this publication may be reproduced, stored in a retrieval system or transmitted in any form or by any means, electronic, mechanical, photocopying, recording, or otherwise, without the permission of the copyright holder and publisher.

著作权合同登记号　图字：23-2012-053号

UTOP权威探秘百科
飞行世界
/天空征服者探秘/

出 版 人	杨旭恒		
编　　著	〔美〕范·哈迪斯蒂	审读编辑	赵佳明
翻　　译	韩洪涛	责任编辑	李政　常颖雯
项目策划	禹田文化	项目编辑	戬平
执行策划	叶静	装帧设计	惠伟
版权编辑	杨娜	内文设计	晓娥

出版发行	晨光出版社
地　　址	昆明市环城西路609号新闻出版大楼
邮　　编	650034
发行电话	（010）88356856　88356858
开　　本	242mm×265mm　16开
I S B N	978-7-5414-8222-9
印　　刷	凸版艺彩（东莞）印刷有限公司
经　　销	各地新华书店
版　　次	2016年11月第1版
印　　次	2025年4月第8次印刷
印　　张	4
字　　数	40千
定　　价	29.80元

退换声明：若有印刷质量问题，请及时和销售部门（010-88356856）联系退换。

推荐序

跨进知识的新大陆

我们有两个世界，成人的世界和孩子们的世界，但这两个世界完全不一样。

一个是平面的、刻板的，几乎没有一点儿灵性。一个是多面的、神奇的，充满了五彩缤纷的幻想，简直就和童话一样，是一个奇异的魔方世界。

在成人眼睛里，科学是干巴巴的原理和枯燥的公式，在孩子们的眼睛里，科学是充满幻想的天地和有趣的故事。

为什么会这样？因为在刚刚进入世界不久的孩子们的眼睛里，什么都是新奇的。每一片树叶、每一颗星星后面，似乎都隐藏着一个秘密。每一颗沙粒、每一个浪花里面，好像都隐藏着一个新大陆。他们本来就有成人所没有的特异功能，是天生的幻想家。

为什么会这样？因为孩子们都有一颗求知的心，对身边不熟悉的世界，天生就有寻根问底的精神。他们才是最勇于发现的探索者。他们渴求知道一切，渴求发现科学的新大陆，做一个征服知识海洋的哥伦布。

什么知识最吸引孩子们的心？应是遥远的和新奇的，越遥远越有神秘感，越新奇越有吸引力。

要寻找这个地方，可不是一件容易的事情。

来吧，到这套书里来吧！这里有遥远的未知世界，这里有新奇的科学天地。

来吧，到这套书里来吧！这里有丰富的知识、精美的图片。

走进来吧！这里就是认识科学的起点。学会了，看懂了，就向科学的道路迈进了一步。一步步往前走，谁说这不是未来的科学家、未来的大师的起点呢？

刘兴诗
地质学教授、儿童科普作家

目录

介 绍

认识飞行
看不见的力量：飞行   8
观察大自然：动物的飞行   10

追求飞行的先辈们
神话传说：伊卡洛斯   12
飞行的梦想：扑翼机   14
飞艇和热气球   16
乘上升气流爬升：滑翔机   18

飞行的里程碑
早期飞行器：起飞   20
活塞和螺旋桨：早期飞机   22
力量和速度：喷气时代   24
客运飞机   26
比声音还快：超音速飞机   28
进入宇宙空间：太空飞行   30

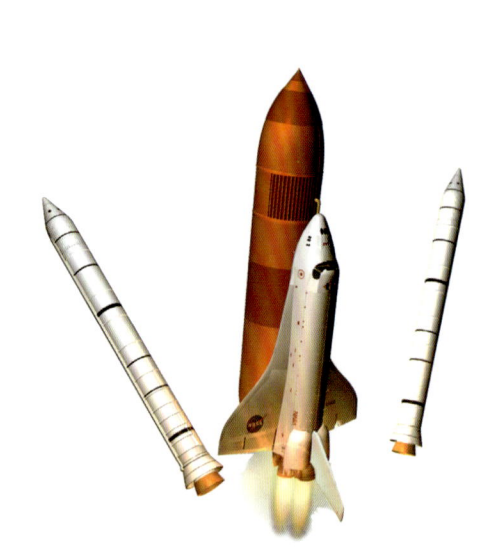

聚焦

飞行器

莱特"飞行者号"	34
飞越海峡：布莱里奥XI	36
空中争霸：斯帕德XIII	38
威德尔-威廉姆斯：竞赛飞机	40
阿弗罗"兰开斯特"轰炸机	42
"卡塔莉娜"Guba II水上飞机	44
F/A-18"大黄蜂"战斗机	46
F-117A"夜鹰"隐形战斗机	48
F-22"猛禽"战斗机	50
如履平地：空中客车A320	52
直升机：欧直EC145	54
现代飞艇：齐柏林NT	56
步入未来："太空船1号"	58

参 考

飞行相关资料	60
词汇表	62
索引	64

介绍

看不见的力量：飞行

飞行的故事开始于一个古老的梦想——人类希望像鸟儿一样在天空中飞翔。几百年前，人类就开始模仿鸟类的飞翔了。有些人制作了翅膀，并尝试带着它们从高塔上跳下来体验飞行。莱昂纳多·达·芬奇曾设计过许多扑翼飞行器。1783年，热气球的发明把人类带上了天空。同时，飞行装置和滑翔机的试验仍在继续，人们从中逐渐明白了"翅膀"的设计原理和升力产生的原理。20世纪初，莱特兄弟发明了第一架可操控的动力飞行器，人类的飞行梦想最终成为了现实。

飞行中的受力情况

喷气式飞机在飞行中受到4种力的作用：重力（飞机由于受到地球吸引而产生的力）、升力（机翼产生的抬升力）、阻力（空气的阻挡力）和推力（喷气发动机产生的向前的推动力）。

飞行器

下图展示了两种不同类型的飞行器。热气球是一种比空气轻的飞行工具，叫做浮空器，依靠充满热空气或其他气体的巨大球囊飞行。利尔喷气式45型飞机是比空气重的飞行工具，叫做重航空器，依靠涡轮风扇发动机提供的动力前进，流线型的机身造型使它能轻盈地在空中穿行。

升力
机翼上、下方的气压不同，所产生的压力差（即升力）支撑着飞行中的飞机。

阻力
飞机在飞行时受到空气的自然阻抗力，这就是阻力。

推力
涡轮风扇发动机产生足够大的推力使飞机在空中前行。

重力
飞机必须有足够的升力和推力来克服地球对它的吸引。

操控飞行

机翼和尾翼装有升降舵、副翼、方向舵等装置。飞行员靠它们改变飞机的方向和高度。

机翼
喷气式飞机机翼的横截面呈拱形（如右图），气流流过拱起的上表面的速度要比流过下表面的速度快，这使得机翼上方气压低、下方气压高，从而产生一个压力差，即我们所说的升力，将机翼向上托起。

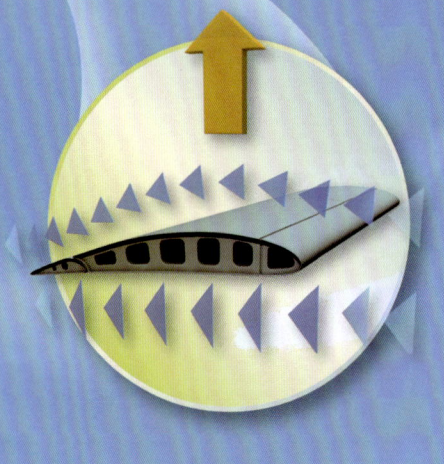

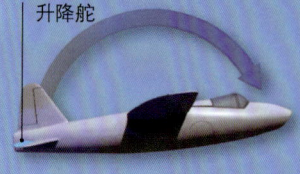

仰俯
飞机机头上仰和下俯的运动被称为仰俯。

横向滚转
副翼控制飞机的横向滚转运动。

偏航
飞行员通过尾部的方向舵控制机头向左或向右，这叫做偏航或转向。

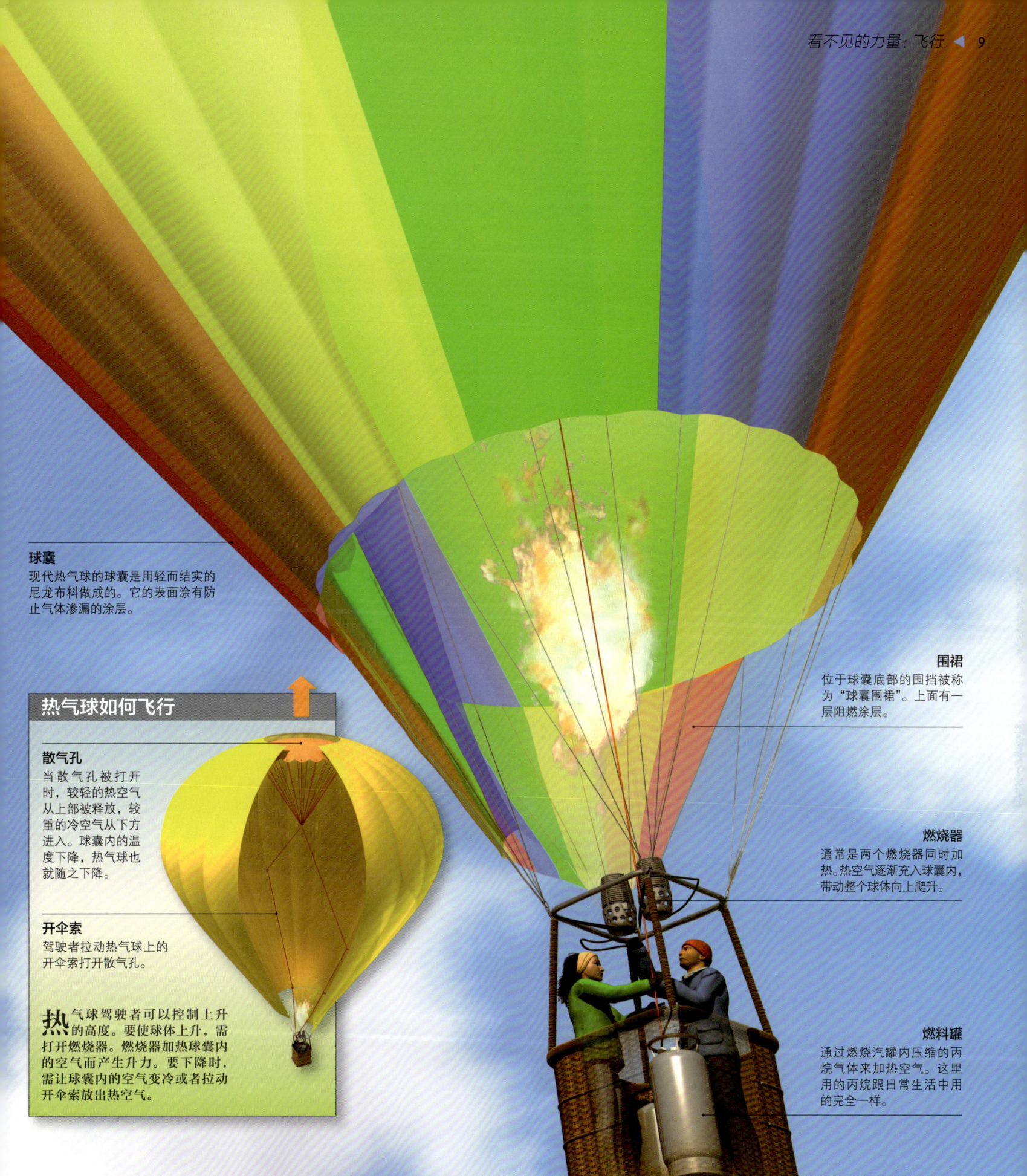

看不见的力量：飞行 ◀ 9

球囊
现代热气球的球囊是用轻而结实的尼龙布料做成的。它的表面涂有防止气体渗漏的涂层。

围裙
位于球囊底部的围挡被称为"球囊围裙"。上面有一层阻燃涂层。

燃烧器
通常是两个燃烧器同时加热。热空气逐渐充入球囊内，带动整个球体向上爬升。

燃料罐
通过燃烧汽罐内压缩的丙烷气体来加热空气。这里用的丙烷跟日常生活中用的完全一样。

热气球如何飞行

散气孔
当散气孔被打开时，较轻的热空气从上部被释放，较重的冷空气从下方进入。球囊内的温度下降，热气球也就随之下降。

开伞索
驾驶者拉动热气球上的开伞索打开散气孔。

热气球驾驶者可以控制上升的高度。要使球体上升，需打开燃烧器。燃烧器加热球囊内的空气而产生升力。要下降时，需让球囊内的空气变冷或者拉动开伞索放出热空气。

观察大自然：
动物的飞行

地球上的每个地方都有鸟儿。它们是现存唯一长有羽毛的动物，而且种类繁多，其他动物很少能在飞行技巧、敏捷性和速度上与它们相媲美。鸟儿能在空中盘旋，能侧身倾斜飞行，还能以惊人的速度高飞或俯冲，长着鳍状翅膀的鸟儿还能够在水中自如穿梭。但是有些鸟儿很少飞，甚至像企鹅等少数种类根本不会飞。鸟类并不是唯一能飞行或滑翔的生物，昆虫也能通过拍动翅膀飞翔或盘旋。蝙蝠的翼膜由延伸出去的四肢支撑，让它们能够进行长距离飞行。蛙类、蜥蜴、蛇、松鼠和狐猴中的某些特殊种类也具有滑翔飞行能力。

初级飞羽
这些羽毛将肌肉的力量转化为推力，完成向前的运动。

迅速而巧妙
燕子的体形在鸟类中相对较小，而且呈流线型，还长有剪刀状的尾巴，翅膀长而尖。它们捕食时，会展现出一系列快速转弯、侧飞、俯冲等动作。在除南极洲以外的所有大陆上，随处都可看到它们的身影。燕子有着令人惊叹的迁徙行为，其中一种燕子竟能季节性地往返于英国和南非。

鸟儿的飞行方式

鸟儿要飞行就必须保证翅膀上方有持续的气流经过。鸟儿利用风和上升气流来实现这一条件，且方法不止一种。

地面温差上升气流
太阳照射到地球表面，由于陆地、森林、海面的温差而形成的上升气流。秃鹫依靠上升气流能飞得很高。它们围绕气流柱呈螺旋形飞向高空。

海风
由于空气与水面之间存在摩擦力，因此接近海面的风力要比高空中的弱。信天翁则利用强度较大的海风在空中翱翔。

地形上升气流
风在遇到悬崖峭壁等阻碍物时，就会被迫向上运动形成上升气流。隼、燕子等许多乌都是借助较强的地形上升气流飞行的。

不同的飞行者
滑翔和振翅飞行是两种飞行方式。动物依靠肌肉的力量、翼或者鳍来实现空中飞行。

蜂鸟
这种微型小鸟的飞行和悬停很有技巧。可转动的翅膀能让它们毫不费力地朝上、下、前、后各个方向飞行。

蝙蝠
蝙蝠是唯一能持续飞行的哺乳动物，它们通过扇动长而富有弹性的翼膜飞行。

飞鱼
有些种类的鱼拥有像翅膀一样的鳍，它们靠这种鳍从水中跃出并在空中滑翔。

观察大自然：动物的飞行　　11

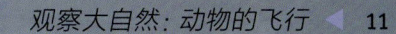

轻质骨骼
鸟儿翼骨具有蜂窝状结构，蜂窝内是气囊，这使鸟儿的骨骼明显轻于哺乳动物的。

支撑系统
坚固而中空的骨骼轻盈、结实，非常符合鸟儿的飞行要求。

效果倍增
同大多数昆虫一样，蜻蜓长有两对翅膀。它们急速地振动着修长的翅膀，可以有效地实现在空中悬停飞行。

飞行"发动机"
同胸骨连接的两组肌肉带动翅膀上下挥动，为鸟儿提供了必要的飞行动力。

控制飞行
燕子利用长长的剪刀状尾羽制动并控制飞行的速度和方向。

神话传说：
伊卡洛斯

对古人来说，飞行是神秘的，只有神或带魔力的生物才具有飞的能力。希腊神话中的爱神厄洛斯和罗马神话中的爱神丘比特都长着翅膀。罗马神话中掌管商业的神——墨丘利，他的帽子和鞋上也有翅膀。希腊神话中代达罗斯和伊卡洛斯这对父子，利用羽毛和蜡做成的翅膀飞行。带翅膀的神在各国的神话传说中都很常见。中国古代有一个传说提到，舜帝用两顶芦苇做的帽子充当降落伞，飞越了自己的领地。像漫画书中的超人、惊奇队长等英雄人物，就是现代人对飞行充满幻想的例证。

揭路荼
泰国神话中的百鸟之王经常以一只鹰的样子出现。他战胜并杀死了不共戴天的敌人那伽——一条多头蛇。

古代神话人物

许多古代神话中都有长着翅膀的神、天使、恶魔，还有一些是关于飞马、飞龙，甚至勇于飞天的英雄人物的故事。

飞行的国王
传说中，波斯国王凯·卡乌斯坐在他金灿灿的御座上，4只雄鹰拉着御座在空中飞行。他把一块肉用长竿挑在鹰群的前面，引诱它们不停地往前飞。

飞马
科林斯国王的儿子、勇士柏勒洛丰骑着珀伽索斯——一匹长翅膀的马，勇敢地杀死了长着3个头的怪物——喀迈拉。

春天女神
埃及女神伊西斯女王有一对猎鹰一样的翅膀。每年，她都会绕着地球飞行，把春意洒向大地。

神话传说：伊卡洛斯 ◀ 13

烤化的蜡制翅膀

代达罗斯带着儿子伊卡洛斯搬到克里特岛。在这里，他为国王弥诺斯设计了一座错综复杂的庞大迷宫——拉比林特斯。迷宫中住着残忍的半人半牛怪物，名叫弥诺陶洛斯。代达罗斯因为害怕国王弥诺斯将自己囚禁，便用蜡将羽毛粘在一起做成翅膀，绑在自己和儿子伊卡洛斯的身上，从空中飞走了。在空中飞翔的伊卡洛斯变得兴奋起来，不知不觉中离太阳越来越近，太阳的热量烤化了他翅膀上的蜡。就这样，他把自己送进了死亡深渊。

飞行的梦想：
扑翼机

在飞行器出现以前，人类的飞行梦想持续了几千年。15 世纪末，莱昂纳多·达·芬奇仿照鸟类的动作设计了一种独特的飞机——扑翼机，设想人们挥动着它们能像鸟儿一样飞行，但是试验证明这种想法是不切实际的，因为人类缺少必要的协调能力和肌肉力量来操控机械翅膀的飞行。尽管如此，达·芬奇依然称得上是一位天才的工程师和发明家。他随后又设计出了几种超前的奇妙装置，包括今天的降落伞、悬挂式滑翔机和直升机。然而，他只是把这些设想描绘或记录在他的笔记本里，在他逝世后的几个世纪里，这些成果才被不断研究和试验。

古代风筝
人们通过风筝认识了空气动力学的基本原理，为以后滑翔机和动力飞机的诞生奠定了基础。早期的风筝是用丝绸和竹子做成的，有了造纸术后，用纸做的风筝则更加轻盈精巧。

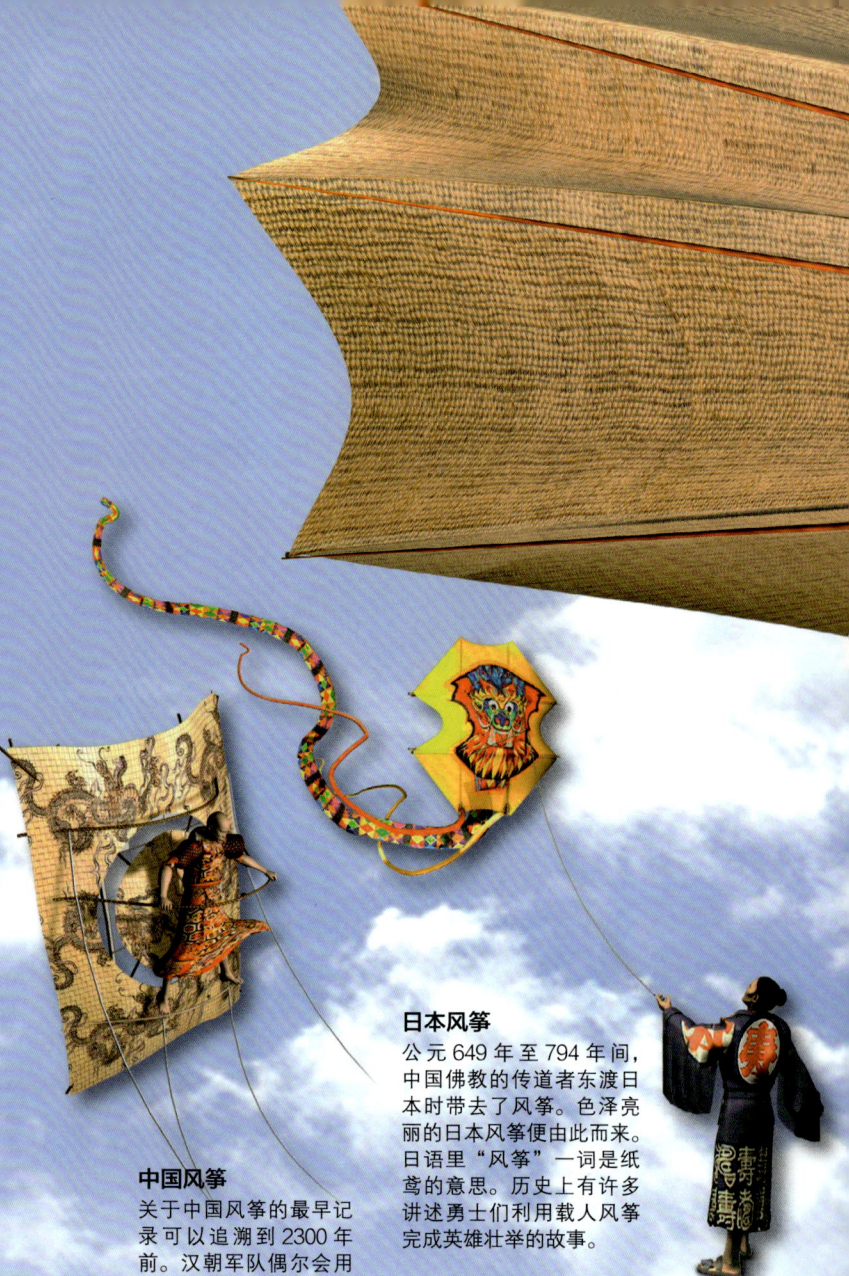

中国风筝
关于中国风筝的最早记录可以追溯到 2300 年前。汉朝军队偶尔会用绑着人的风筝吓退敌人。

日本风筝
公元 649 年至 794 年间，中国佛教的传道者东渡日本时带去了风筝。色泽亮丽的日本风筝便由此而来。日语里"风筝"一词是纸鸢的意思。历史上有许多讲述勇士们利用载人风筝完成英雄壮举的故事。

为信念而跳
11 世纪，马姆斯伯里的圣本笃修会修士奥利弗用布制作了一对翅膀。他带着翅膀从修会的塔顶一跃而下，飞过大约 185 米的距离，他也因此跌断了双腿，但他的勇敢尝试为搞清楚飞行原理作出了贡献。

火箭人
2008 年，伊夫·罗西——一位被称为"火箭人"的瑞士冒险家利用喷气式动力翅膀进行了一次非比寻常的飞行。他从一架飞机上跳下，飞行了 10 分钟后，利用降落伞着陆。

飞行的梦想：扑翼机 ◀ 15

背包装置
飞行员要把木质的机械背包装置穿戴在身上，通过操作装置上的滑轮和绳索系统让扑翼弯曲或伸展，从而产生拍打动作。

绳索　滑轮

背包

拉紧线

人类的翅膀
　　莱昂纳多·达·芬奇仔细研究了鸟类的翅膀后，试图加以模仿，将其用在扑翼机的设计中。在他的构想中，扑翼机的飞行员应该从一个很高的地方，比如塔楼或教堂尖顶，跳下来完成起飞。然后，他要迅速上下蹬动双腿，来带动系在脚上的拉紧线。拉紧线连接着控制扑翼的滑轮系统。

飞艇和热气球

热空气比冷空气轻，所以会向上升。这是浮空器飞行的基本原理。古希腊数学家阿基米德是第一个研究浮力的人。18世纪80年代，蒙戈菲尔耶兄弟重新认识了这一原理，并发明了热气球。1785年，法国人让·皮埃尔·弗朗索瓦·布朗夏尔和美国医生约翰·杰弗里斯乘坐氢气球飞越了英吉利海峡。此后，热气球开始流行起来，还被用于飞行竞技、气候研究、军事侦察、探险等领域。美国内战时，撒迪厄斯·D.C.洛普将热气球应用于军事中。第一艘飞艇问世于19世纪90年代。1926年，"挪威号"飞艇飞越了北极点。直到今天，使用浮空器的飞行依然十分流行。

早期飞艇的危险组合
图中巨大的蓝色气球囊易燃。它以丝绸为主材，以镰做内衬，并镶有金色饰纸张做内村，并镶烧气囊下方炉内物，通过燃烧气囊得热烟气。

布莱特林热气球"卫星3号"
1999年，布莱特林热气球"卫星3号"第一次完成热气球环球飞行。伯特兰·比卡德和布赖恩·琼斯乘坐氢气球飞到了海拔大约9145米的高度，他们处于密闭的吊篮中。

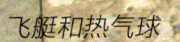

飞艇和热气球 17

操控热气球的兄弟

1783年9月19日,约瑟夫·蒙戈菲尔和雅克·艾蒂安·蒙戈菲尔兄弟升起了第一个载有乘客的热气球。在法国凡尔赛宫前,兄弟俩在国王路易十六和王后玛丽·安托瓦内特的注视下,将一个热气球放飞。这只热气球升至海拔518米的高度,飞行持续了8分钟,乘客们是一只鸭子、一只公鸡和一只绵羊。最后,气球安全着陆。两个月后,两位法国贵族进行了人类首次搭乘热气球的飞行。

早期的热气球和飞艇

热气球的设计在19世纪飞速发展,人们发现填充氢气或氦气的气球飞行效果更好,等到飞艇问世,这些浮空器便有了机械控制和转向装置。

氢气球
早在1783年,雅克·亚历山大·恺撒·查理发明了一种由氢气提供动力的气球。氢气的重量大约是空气的1/14,能为乘客和货物提供良好的升力。

蒸汽动力
1852年,亨利·吉法尔驾驶他的飞艇从巴黎起程,飞行了27千米。为飞艇螺旋桨提供动力的是一台重112千克的小型蒸汽发动机。

电池
法国飞行家夏尔·勒纳尔和亚瑟·克雷布斯的电力飞艇"法兰西号"于1884年升空。这个长条形飞行器依靠电池供电,电机为四叶木制螺旋桨提供动力。

乘客

最初选择搭乘热气球的乘客,蒙戈菲尔兄弟曾考虑过狗、奶牛、公牛等,但最终选定的是鸭子、公鸡和绵羊,因为它们的重量较轻。

乘上升气流爬升：
滑翔机

现代滑翔机，或叫高级滑翔机，有着细长的机翼，借助气流能如鸟儿般翱翔数小时。真正的滑翔机没有发动机和任何动力装置，能在空中自由地滑翔，却不会发出任何声响。滑翔机的历史悠久。早在 1853 年，英国乔治·凯利爵士发明的滑翔机首次脱离拖曳装置把他的马车夫带上了天空，乔治·凯利也因此被认为是现代滑翔之父。19 世纪 90 年代，德国工程师奥托·李林塔尔率先阐明如何在飞行中控制滑翔机。莱特兄弟也通过制作一系列滑翔机来学习飞行的基本原理。在第二次世界大战期间，滑翔机还帮助关押在德国科尔迪茨堡的人们逃出了监狱。在当代，航天飞机轨道飞行器从太空返回大气层后也会像滑翔机一样着陆。

尾翼
尾翼装置在飞行的稳定性和可控性方面起的作用举足轻重。它已成为现代飞机的一个设计特色。

轻质骨架
凯利滑翔机使用轻型材料制成，其骨架是木质的，并以布料覆盖。

早期的滑翔机模型

在 19 世纪，许多滑翔机的天才试验者使人们大大提高了对空气动力学的认识与理解，其中包括阿尔芬斯·皮诺、劳伦斯·哈格雷夫、海勒姆·马克西姆、珀西·辛克莱和奥托·李林塔尔。李林塔尔在 1891 年试飞的滑翔机，就是现代悬挂式滑翔机的雏形。

凯利滑翔机（1804 年）
乔治·凯利通过 1804 年制作的滑翔机了解到更多的飞行原理。这架风筝状的滑翔机有一个固定的机翼和一个可调节的尾翼。

李林塔尔滑翔机（1895 年）
奥托·李林塔尔曾完成 2000 多次滑翔机的飞行试验。他在 1895 年制作的滑翔机具有曲面机翼，还有用来操控方向的翘曲翼结构。

乘上升气流爬升：滑翔机　19

马车夫飞行员
1853 年，凯利的马车夫乘坐这架滑翔机飞行了 275 米。而早在 1849 年，这位仆人 10 岁的儿子就已在一架滑翔机模型上试飞过了。

单翼机的机翼
凯利的滑翔机是具有一套固定机翼的单翼机。现代滑翔机和动力飞机通常都是单翼机。

首次飞行

英国人乔治·凯利爵士是第一位进行飞行科学试验的人。他在 50 年的时间里设计了一系列滑翔机，其中一些装有固定的机翼和可活动的操控装置。1853 年，他试飞了一架底盘带轮的单翼滑翔机，并说服了自己的马车夫做飞行员。飞行的路程很短，很快就结束了。凯利的滑翔机是首架实现载人飞行的重航空器。

方向舵
方向舵有一个舵杆。马车夫通过来回移动舵杆控制滑翔机的左右转向。

现代滑翔机
有些滑翔机即使没有发动机也可以达到 250 千米的时速。它们借助地面温差上升气流或地形上升气流爬升，每下降 1 千米能滑翔 60 千米。

早期飞行器：起飞

到了 19 世纪末期，各路飞行先驱在制造重航空器方面的竞争异常激烈。他们研制出的航空器种类繁多，有大型的，也有小型的，有带发动机的，也有不带发动机的。然而大多数飞行器都没有机会投入使用，其中很多飞行器仍依靠沉重的蒸汽机提供动力。这些发明家通常单枪匹马地研制飞行器，而且很多人没有学过多少技术知识。从失败的飞行中总结出的经验教训，不断提升着人们对航空学的认识和知识储备。人们逐渐意识到，成功的飞行器需要能产生升力的机翼、重量轻的发动机和有效的飞行操控装置。这些也是 20 世纪初期的飞行器设计者们所面临的挑战。

红牛人力飞行大赛
红牛人力飞行大赛每年都会在世界上的许多地方举行。这是一项充满活力的比赛，参赛者要驾驶着自制的飞行器进行飞行。

三翼机
机枪的发明者海勒姆·马克西姆在 1894 年设计了一种三翼机。马克西姆用两台烧煤的蒸汽发动机为他这架巨大的机器提供动力，但由于动力不足，最终未能实现升空。

"风神号"
克莱门特·阿代尔在 1890 年研制的"风神号"是一架没有尾翼的单翼机，机翼像蝙蝠的翼膜。它有一台 15 千瓦的蒸汽发动机和一个四叶螺旋桨。然而，事实证明它很难控制。

早期飞行器：起飞　21

古怪而有趣

在这场制造飞机的竞赛中，一些古怪而有趣的飞机竞相诞生。"风神号"和三翼机都是早期动力飞机制造中失败的例子。在此之后，图拉真·乌拉那架奇特的单翼机——空中汽车出现。桑托斯·杜蒙特凭借他那庞大的前小翼式飞机14-比斯名扬世界。霍雷肖·菲利普的多翼机的特别之处是，它有200个独立机翼！

14-比斯
1906年，巴西人桑托斯·杜蒙特试飞了一架体积巨大、样子笨拙的飞机——14-比斯。它由一台37千瓦的发动机提供动力，机身覆盖着布料。这架飞机飞了220米，用时21秒。

空中汽车
1906~1907年，图拉真·乌拉将机翼和螺旋桨装在了自己的四轮汽车上，并驾驶它成功地进行了多次短程飞行。

多翼机
霍雷肖·菲利普在1907年设计了奇特的多翼机。这架有200个独立机翼的飞机成功升空，但在空中停留的时间很短。

活塞和螺旋桨：
早期飞机

年复一年，早期的飞行器逐渐飞得更快、更高、更远。1914 年，俄国人伊戈尔·西科斯基驾机从圣彼得堡飞到基辅，这次伟大的飞行约飞了 1290 千米，用时 14 小时 18 分钟，仅着陆两次。这次飞行证实了长途飞行的可能性。西科斯基庞大的飞行器"伊里亚·穆罗梅茨号"以俄罗斯神话中的勇士名字命名，是一架四引擎双翼机。飞行途中有 3 名机组人员陪同西科斯基。在当时，这是一架领先于时代的飞机：它有一个封闭的驾驶舱，一个带有电灯和供热设备的客舱，一张桌子和 4 把柳条椅子，而且还提供餐饮。就在这次破纪录的飞行后不久，第一次世界大战爆发了，而西科斯基这架著名的飞机被用做了轰炸机。

检查发动机
这架飞机下层机翼上装有木质通道，便于机组人员在旅途中调整发动机，并能快速处理失火等情况。

驾驶舱
"伊里亚·穆罗梅茨号"的封闭驾驶舱在当时是一种彻底的革新。飞机上的设备不多，但却有一个代替操纵杆的方向盘。

奢华客舱
和现代的客机一样，"伊里亚·穆罗梅茨号"有一个宽敞而且装备齐全的客舱。在去基辅的长途飞行中，机组人员在那里就餐。

观测平台
西科斯基的飞机上有两处用于观测的地方；一处是从机头延伸出来的类似阳台的地方，另一处是机身上方带护栏的平台。

活塞和螺旋桨：早期飞机　23

螺旋桨如何工作

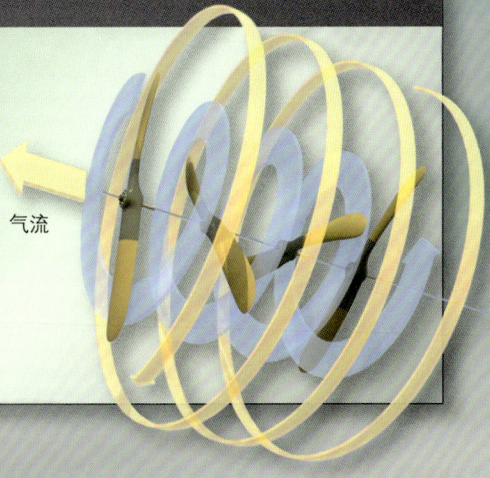

空气随着螺旋桨的转动而绕桨叶流动。桨叶的剖面形状与机翼的相似——前曲后平，且桨叶具有扭转角，因此空气流过桨叶时同时产生两个力：一个是牵拉桨叶向前的力，一个是由桨叶扭转角向后推动空气产生的反作用力。这两个力的合力推动着飞机向前飞行。许多螺旋桨都是可调节的，飞行员通过调节发动机的转速和桨叶的角度实现飞机的上升、巡航和降落。

气流

活塞

螺旋桨

阿尔戈斯发动机

早期飞机发动机的不可靠性是众所周知的。西科斯基为"伊里亚·穆罗梅茨号"装配了重量轻、可靠性高的德国阿尔戈斯发动机，这是当时最好的发动机之一。他在不同时期分别用过德国和英国制造的发动机。

破纪录飞行

1914年6月29日，"伊里亚·穆罗梅茨号"离开圣彼得堡，飞往基辅。中途唯一一次着陆是在奥尔沙补给燃料。飞至第聂伯河上空时，一台发动机起火，机组人员走出机舱，到机翼上将火扑灭。之后，气流波动使飞机在空中打转，而西科斯基熟练地解决了这个问题。最后，"伊里亚·穆罗梅茨号"穿过基辅上空的云层，成功飞越了基辅佩乔尔斯克修道院的金顶。

力量和速度：喷气时代

飞行器历史上的一个重要进步就是燃气涡轮喷气发动机的发明。这种发动机利用加热后的燃气流使涡轮转动，从而产生推力。汉斯·冯·奥海恩和弗兰克·惠特尔最早使用了这项技术。1939年，靠冯·奥海恩发动机样机提供动力的试验型飞机亨克尔He178被认为是第一架喷气式飞机。同时，弗兰克·惠特尔也发明了一台喷气发动机，并在第二次世界大战中将它用于英美两国的战斗机上。战后，装有喷气发动机的战斗机和轰炸机愈发常见。同时，波音747等商用喷气式客机也纷纷出现。

涡轮增压发动机
压缩机叶片（或风扇）将空气吸进来并压入燃烧室。室内燃料不间断地燃烧。空气受热膨胀以及燃料产生的热和废气可以驱动涡轮，使其推动飞机向前。在涡轮螺旋桨发动机中，涡轮驱动压缩机并带动一个外部螺旋桨。

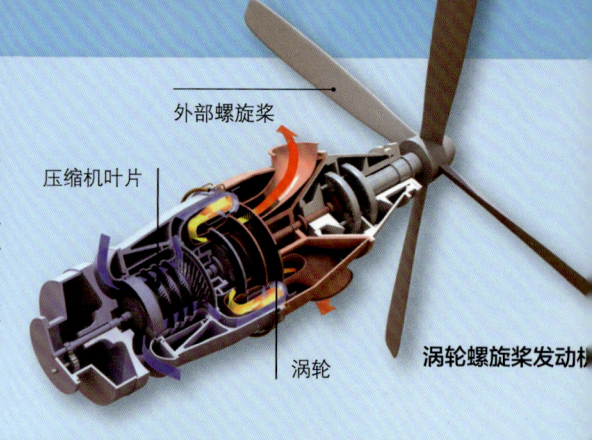

外部螺旋桨
压缩机叶片
涡轮
涡轮螺旋桨发动机

第一架喷气式战斗机
德国人安塞尔姆·弗兰茨研制出一种改良的喷气发动机，并装在世界上第一架投入使用的喷气式战斗机——梅塞施密特Me262上。

第一架涡轮喷气式飞机
1939年8月27日，亨克尔He178在德国的曼瑞纳亨机场起飞。这架试飞的单翼机首次依靠燃气涡轮发动机提供的喷气动力飞行。对飞行员来说，这是一次全新的飞行体验。飞机没有螺旋桨，但动力强大，可轻松达到595千米/小时以上的速度。

高温燃气的高速喷射
空气与燃料在燃烧室内混合后发生爆炸性燃烧。超高温热气流被喷射出来，推动飞机前行。

格罗斯特"流星"
20世纪30年代，弗兰克·惠特尔一直忙于设计自己的喷气发动机。英国将其设计的发动机用于第一架喷气式战斗机——格罗斯特"流星"上。

力量和速度：喷气时代　　25

涡轮　　　风扇　　涡轮

涡轮风扇发动机

压缩机叶片

涡轮喷气发动机

图示

■ 入口：冷空气

■ 燃烧室：燃烧燃料并加热空气

■ 出口：喷出的热气体

吸入空气
He 178 的机头是开放式的，这样喷气发动机就能利用压缩机叶片的转动吸入空气。这是产生喷气动力的第一个步骤。

封闭的机身
外包金属的流线型机身内有发动机和一个单座驾驶舱。机身主要由木材做成，并带有一个垂直尾翼。

起落架
在飞机首次飞行时，包括后轮在内的起落架是固定的。后来为了减少阻力，起落架便被改成可收放的了。

压缩机叶片

涡轮喷气发动机
为飞机提供动力的是离心式涡轮喷气发动机 He S 3b。这台发动机由汉斯·冯·奥海恩设计，能产生超过 500 千克力的推力。

客运飞机

飞机能否成为我们穿越大陆和海洋的一种既快捷又安全的交通工具？莱特兄弟1903年的那次历史性飞行大大提升了这种可能性。1919年,速度很慢的W8双翼机问世。它是在城市间做短程飞行的客机之一。无论是使用活塞发动机还是喷气发动机,在商业客机的发展历程中一直不乏突破性的成就。1935年,新型的道格拉斯DC-3客机使航空旅行发生了革命性的变化,它能为21名乘客提供舒适的座椅以及安全、可靠的飞行保证。20世纪50年代,第一架喷气式客机DH106"彗星"改变了世界空运模式。现在,最大的客机都是宽体喷气式客机,它们可以搭载乘客做长途飞行,其中包括波音747和空中客车A380,后者在21世纪初期投入使用,最多可搭载800名乘客,这给大型喷气式客机赋予了新的概念。其他类型的客机用于地区支线飞行、短途往返飞行、穿梭式民航运输、公司团体包机飞行等。

黑匣子
在每架现代客机的尾部都有一个黑匣子。其实黑匣子是橙色的,它里面有一个飞行数据记录器(FDR)和一个座舱通话记录仪(CVR),用来记录飞行数据和驾驶舱内的对话。黑匣子的耐压和耐热性能极强,空难事故的调查就依赖于这些装置回收。

汉德利·佩季 W8
1919年,W8双翼机开创了空中客运的服务。它搭载15名乘客在伦敦和欧洲大陆间做短途飞行。在这架早期的客机里,驾驶员的座舱是开放的。

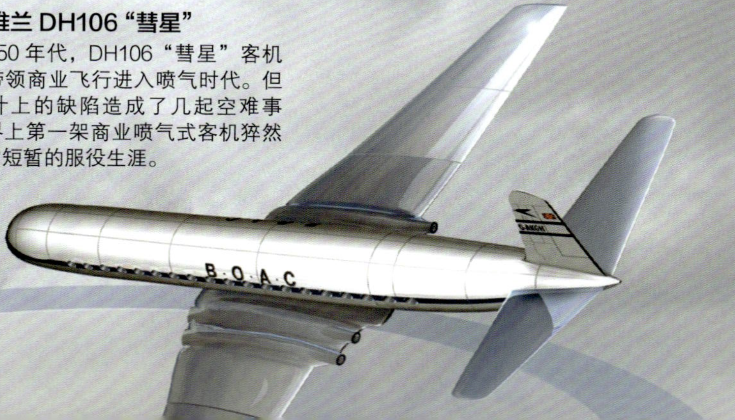

德·哈维兰 DH106 "彗星"
20世纪50年代,DH106"彗星"客机的出现带领商业飞行进入喷气时代。但由于设计上的缺陷造成了几起空难事件,世界上第一架商业喷气式客机猝然结束了它短暂的服役生涯。

道格拉斯 DC-3
DC-3型客机使商业飞行既安全又有利可图。这就意味着空中运输的新时代到来了。这架使用活塞发动机的飞机可容纳21名乘客。此外,DC-3还有为长途航线而设计的卧铺机型。

客运飞机 ◀ 27

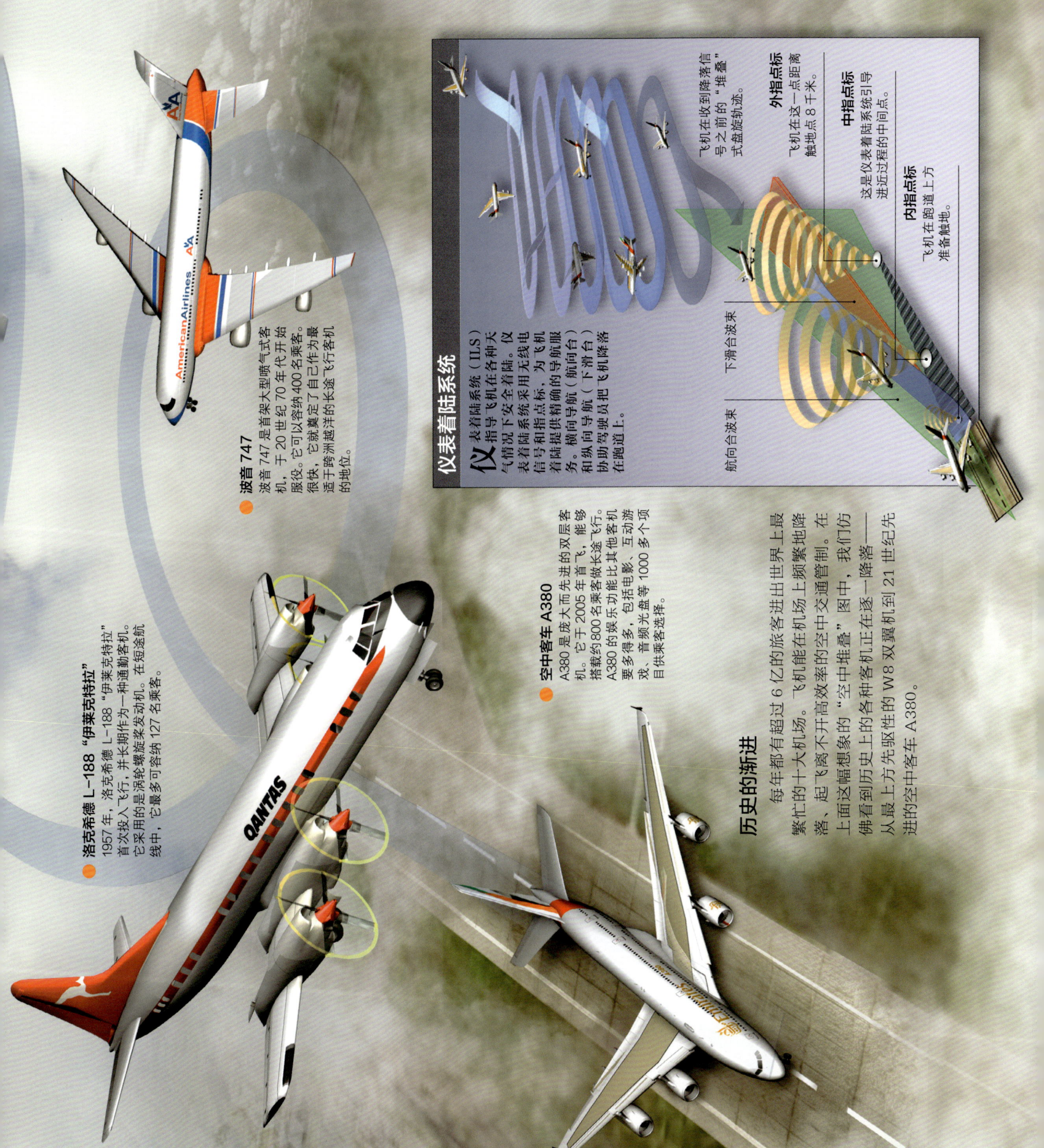

仪表着陆系统

仪表着陆系统（ILS）指导飞机在各种天气情况下安全着陆。仪表着陆系统采用无线电信号和指点标给精确的导航信号，为飞机着陆提供精确的导航服务。横向导航（航向台）和纵向导航（下滑台）协助驾驶员把飞机降落在跑道上。

航向合波束　下滑合波束
外指点标　飞机在这一点距离触地点 8 千米。
中指点标　这是仪表着陆道上方进近过程的中间点。
内指点标　飞机在跑道上方准备触地。
飞机在收到降落信号之前的"堆叠"式盘旋航迹。

● **波音 747**
波音 747 是首架大型喷气式客机，于 20 世纪 70 年代开始服役。它可以容纳 400 名乘客。很快，它就奠定了自己作为最适宜跨洲越洋长途飞行客机的地位。

● **空中客车 A380**
A380 是庞大而先进的双层客机。它于 2005 年首飞，能够搭载约 800 名乘客做长途飞行。A380 的娱乐功能比其他客机要多得多，包括电影、互动游戏、音频光盘等 1000 多个节目供乘客选择。

● **洛克希德 L-188 "伊莱克特拉"**
1957 年，洛克希德 L-188 "伊莱克特拉"首次投入飞行，并长期作为一种通勤客机。它采用的是涡轮螺旋桨发动机。在短途航线中，它最多可容纳 127 名乘客。

历史的渐进

每年都有超过 6 亿的旅客进出世界上最繁忙的十大机场。飞机能在机场上频繁地降落、起飞离不开的各种的空中交通管制。在上面这幅想象的"空中堆叠"图中，我们仿佛看到历史上的各种客机正在逐一降落，从最上方的洛克希德 L-188 双翼机到 21 世纪先进的空中客车 A380。

比声音还快：超音速飞机

二战期间，"喷火"战斗机和"野马"战斗机的飞行员们开始遭遇到"声墙"——音障。飞机的飞行速度接近声速（即马赫数1）时，飞机好像撞到了一层看不见的障碍。在经历剧烈的震荡后，飞机变得难以操控，甚至出现机身、机翼断裂的情况。如何突破音障成为了世界性难题。1947年10月14日，查尔斯·耶格尔驾驶贝尔 X-1 飞机首次成功地进行了超音速飞行。1953年，斯科特·克罗斯菲尔德驾驶飞机道格拉斯 D-558-2"冲天火箭"达到了马赫数2的速度。超音速飞行对于军事飞行员来说很普通，然而在2003年5月之前，商用客机中仅有协和式飞机能提供超音速飞行。

水平尾翼
在高速飞行中，水平舵面可以上下调节，以控制飞机的稳定飞行。

在母机上起飞
短翼的贝尔 X-1 试验机也叫"迷人的格莱尼斯"（以查尔斯·耶格尔妻子的名字命名），是从一架飞行在7000米高度上的 B-29 重型轰炸机上投下后起飞的。

火箭发动机喷焰
这种发动机能产生2722千克力的推力，且燃烧时间短暂，只持续2.5分钟。

机翼
这种短而薄的机翼能经受超音速飞行的考验，却不适于起飞和降落。

协和式飞机：1969~2003年

协和式飞机巡航的速度可以达到2150千米/小时，也就是马赫数2。它从巴黎飞到纽约仅用3.5小时，其活动的机头可拓展视野及增加流线型程度。

机头抬起，流线型化。

降落时机头下降5度角。　　滑行和起飞时机头下降12.5度角。

比声音还快：超音速飞机　29

机身
贝尔 X-1 流线型机身的形状好像口径 12.7 毫米的机枪打出的超音速子弹。

驾驶舱
贝尔 X-1 微型驾驶舱的视野有限，其中也没有为飞行员设计的弹射座椅和紧急出口。

高速探头
机头的端部是一根细窄的探头，可以在飞行中收集气压数据。

突破音障

当查尔斯·耶格尔突破音障时，震波撕开了加利福尼亚的沙漠。这架子弹形状的试验机由一台以液氧和酒精为燃料的四燃室火箭发动机提供动力。接近声速时，贝尔 X-1 遇到紊流，几乎处于失控的边缘。在 13000 米的高度上，它的速度达到了马赫数 1.06。超音速时代终于到来了。

音障

一架飞机在以超音速飞行时，前方空气会被急剧压缩，从而产生激波。有些人认为，由于受空气压缩率影响，飞机不可能突破音障，但贝尔 X-1 证明音障是可以突破的。

亚音速
速度低于马赫数 1，飞机产生的震荡波在机身前后呈较均衡的放射状分布。

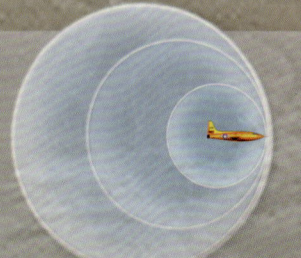

跨音速
速度为马赫数 1，飞机追上自己发出的震荡波，此时震荡波逐渐变成激波。

超音速
速度超过马赫数 1，激波会呈圆锥形。激波撞击地面时会产生音爆。

进入宇宙空间：
太空飞行

　　航天飞机是人类发明的第一种可重复使用的航天器，在 1981 年进入轨道飞行。这一时间距离"阿波罗 11 号"宇航员尼尔·阿姆斯特朗和巴兹·奥尔德林登月行走已有 20 多年了。与那些早期探月项目不同，航天飞机的目标仅仅是完成近地轨道飞行。航天飞机是空间运输系统（STS）的重要组成部分之一，它作为第一种可往返飞行的太空交通工具给人们留下了深刻的印象：49 台发动机、23 架天线、5 台计算机、双重飞行控制装置、发电机和机内生命维持系统。从第一次太空飞行之后，航天飞机定期进入地球轨道执行飞行任务，比如释放通信卫星，从事科学研究，为轨道空间站服务等，其中最有纪念意义的飞行任务之一是发送和放置哈勃空间望远镜。

"亚特兰蒂斯号"航天飞机的控制系统
它的驾驶舱内装有一套高级的计算机辅助飞行控制系统，叫做"玻璃座舱"，其中的电子仪表显示器取代了先前的机械测量仪器，驾驶员使用数字化的"电传操纵"飞行控制系统。

航天飞机任务过程图解

1 起飞
航天飞机从发射台起飞。

2 火箭助推
火箭给予航天飞机足够克服重力的推力。

3 助推器分离
两个火箭助推器坠落。

4 燃料贮箱分离
空的外挂燃料贮箱落下。

5 到达太空
航天飞机在发动机的推动下进入太空。

6 卫星发射
卫星从有效载荷舱中发射出来。

7 减速
航天飞机调整姿势，翻转 180 度后减速飞行。

8 重回大气层
航天飞机以 40 度的角度飞行，重新进入大气层。

9 滑翔
航天飞机向跑道滑翔。

10 着陆
航天飞机降落在跑道上时通过一个降落伞减速。着陆以后，下一次任务的准备周期又开始了。

三角翼
航天飞机的机翼是三角形的。这种形状利于它进行超音速飞行。

进入宇宙空间：太空飞行 ◀ 31

"亚特兰蒂斯号"航天飞机

航天飞机从飞行轨道上返回地球的时候是它在太空旅行中最危险的阶段，即使由计算机操控也一样。航天飞机必须沿着一条精确的路线以一个准确的角度进入大气层。当返回大气层时，航天飞机由于受到空气的摩擦力而减速，同时摩擦力会产生高达上千摄氏度的极端高温。"亚特兰蒂斯号"在1985年首次投入使用，它集火箭、飞机和滑翔机的功能于一身。

驾驶舱
航天飞机的驾驶舱和飞机的驾驶舱类似，有驾驶员和副驾驶员的座位。每个座位上的人都可以手动操控飞行。

反推力控制推进器
机头处有一些小型火箭发动机，也叫反推力控制推进器。它们引导航天飞机在轨道上或在返航时按照精确的路线飞行。

方向舵和制动器
机组人员通过安装在每个驾驶舱座位底下的方向舵踏板和减速板控制器操控方向舵和制动器。

有效载荷舱
这个分隔室用于将卫星和研究设备带入或带离轨道。它长18米，宽4.6米。

强烈的高温
当航天飞机重新返回地球大气层时，它与空气剧烈摩擦产生的极度高温能使机体变得红热。

轨道飞行
用于轨道飞行的发动机有两台。每台发动机能产生2722千克力的推力。它们分别位于上方主发动机两侧的外挂吊舱中。航天飞机一共有3台主发动机。

耐热陶瓷瓦
"亚特兰蒂斯号"的机身底面覆盖着一层有黑色陶瓷涂层的耐热瓦片。这种保护性的陶瓷瓦可以使航天飞机承受1260℃的高温。

专题照片
此处照片展示文中介绍的飞机。

布莱里奥 XI
机长： 8米
翼展： 7.8米
重量： 100千克
发动机： 三缸意大利安扎尼发动机
机组人员和乘客人数： 1名驾驶员

信息快览
触手可及的信息快览提供每架飞机的基本资料。

速度标尺
这个标尺显示了飞机的最快速度。

聚焦

莱特"飞行者号"

机长： 6.4米
翼展： 12.3米
重量： 371千克
发动机： 横卧式，四汽缸，水冷式
机组人员和乘客人数： 1名驾驶员

莱特"飞行者号"

　　1903年9月17日，奥威尔·莱特和威尔伯·莱特在美国北卡罗来纳州的基蒂霍克海滩上进行了飞行试验。虽然此次飞行的距离很短，飞行高度低，但这是世界上首次成功使用自身动力并可由人自行操控的重于空气的固定翼飞行器的飞行，并由此拉开了飞行时代的序幕。飞行中最大的困难是如何保持机头的高度和对飞机进行控制以避免坠毁。莱特兄弟在设计上进行了不断改进，1905年的"飞行者号"成为世界上第一架可实际使用的飞机，它的飞行时间长达半小时，还能绕塔顶完成8字形飞行。莱特兄弟通过观察鸟研究飞行原理，还建立了自己的风洞，来测试通过机翼模型的气流，并用滑翔机进行试验。他们的工程技术和想象力最终为他们带来了成功的飞行。

起飞用的轨道车
莱特兄弟建造了一段18米长、类似铁轨的起飞轨道。起飞时，飞机借助一个小型的带轮板车沿着轨道行进。

莱特兄弟
来自俄亥俄州代顿市的威尔伯·莱特和奥威尔·莱特都是自行车机械师。他们在学生时代就梦想着飞上蓝天，还曾向同学售卖过风筝。年轻时，兄弟俩开了一家自行车公司，用赚的钱制造飞机。

螺旋桨
两个螺旋桨可以产生足够的水平动力（即推力），使飞行器飞上天空。飞机上有一套系统用到了自行车链条，该系统能将发动机的动力传送到螺旋桨上。

第一次飞行
兄弟俩通过掷硬币决定由弟弟奥威尔驾驶"飞行者号"进行历史上的第一次飞行。奥威尔用左手操控升降舵操纵杆，使机头抬起或落下。他还能通过翘曲翼实现飞机翻转，具体的操作是拉动连在一个托架上的绳子，实现翼尖朝着与拉力相反的方向弯折。这个托架就在他的臀部之下。同样，他也用臀部操控方向舵，控制机头向左或向右。

燃料箱

升降舵操纵杆

汽油发动机
机械师查尔斯·泰勒制作了一台简易的四缸汽油发动机。为了减轻重量，他使用了铝质的外壳。

水冷式散热器
固定在机翼支柱上的散热器是一个垂直放置的狭长容器。里面的水用来冷却发动机。

升降舵
两个前升降舵由一个操纵杆控制，它们保持机头的水平高度并确保飞机沿航线飞行。

第一次飞行的轨迹
1903年9月17日，"飞行者号"飞行了36.5米，用时12秒。这个距离大致上与24辆莱特·范·克利夫自行车的长度相等。这种自行车在莱特兄弟的商店里销售过。

莱特"飞行者号" 35

聚焦·飞行器

布莱里奥 XI

机长：8米
翼展：7.8米
重量：100千克
发动机：三缸意大利安扎尼发动机
机组人员和乘客人数：1名驾驶员

飞越海峡：布莱里奥 XI

20世纪初，飞行员们在飞行的速度、高度和距离上展开了激烈的竞争。1909年，《每日邮报》悬赏1000英镑奖励第一位驾驶飞机穿越英吉利海峡的人。法国工程师路易斯·布莱里奥是一名无畏的飞行员，他决定挑战这次飞行。克服了重重困难之后，他最终成功地从法国的加来附近穿越英吉利海峡到达英国的多佛尔。一夜之间，布莱里奥名声大噪。小小的单翼机布莱里奥 XI 打破了英国与欧洲大陆之间的天堑。

翼罩
机翼部分用织物覆盖。机身的一部分也由织物覆盖，并用钢管加固。

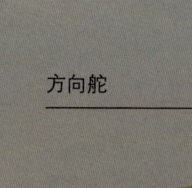

方向舵

跨海峡飞行的路线
布莱里奥从法国加来附近的桑加特海滩上起飞，降落在多佛尔的白垩高地上。

英国 — 伦敦 — 多佛尔 — 加来 — 桑加特 — 巴黎 — 法国

飞越海峡：布莱里奥 XI 37

飞越海峡

1909 年 7 月 25 日清晨，法国人路易斯·布莱里奥从法国加来附近的桑加特海滩起飞，他的目标是成为第一位飞越英吉利海峡的人。他身穿飞行服，头戴皮盔，驾驶着这架用木头和织物做成的简易飞机，在没有指南针和地图的情况下最终穿过迷雾，飞越了大海。他的飞行时速达 64 千米，历时 37 分钟，飞机最后在多佛尔的白垩高地实施了硬着陆。

螺旋桨
布莱里奥给他的飞机安装了一个木质的双叶螺旋桨。飞行那天，一只狗误入正在启动的螺旋桨中，当场死亡。

燃料舱

起落架
布莱里奥 XI 型飞机最具创新性的地方是起落架。布莱里奥使用了橡胶轮胎的轮子，从而起到减震的作用。

机翼结构
机翼用白蜡木和织物做成，这样能减少重量和阻力。翘曲翼（或称弯曲翼）的设计用于控制飞机的翻转动作。

紧急迫降

面对阵阵强风和发动机严重过热的情况，布莱里奥在多佛尔城堡附近匆忙实施了下坡式着陆。飞机的螺旋桨和起落架都在着陆中损毁了。

迫降之后布莱里奥和他的妻子在飞机旁。

斯帕德 XIII

机长：6.3米
翼展：8.2米
重量：569千克（空重）
发动机：伊斯帕诺-西扎8 Be
机组人员和乘客人数：1名驾驶员

空中争霸：斯帕德 XIII

第一次世界大战期间（1914~1918年），所有的飞行员都面临着残酷而无法预料的死亡威胁。第一场空中混战发生在1915年的4月，当时法国飞行员罗兰·加洛斯击落了一架德国飞机。随后，交战双方竞相加强自己的飞机装备，还研究了不少空中的战术。作为一种战争武器，军用飞机发展得非常迅速，设计更加先进，发动机更加强劲，破坏性更强。为了争夺空中霸权，"独狼"式的战斗模式很快被中队规模的编队战斗所取代，一名飞行员击落5架或5架以上的飞机还会成为传奇的王牌飞行员。第一次世界大战决定了军用航空的前途。

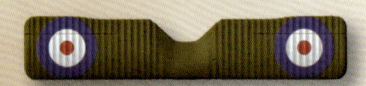

空中的殊死较量

空中格斗是战斗机间近距离的较量。发动袭击时，飞行员通常驾驶飞机从太阳所在的方向俯冲过去或者用云作为掩护。空中的战斗是突然、激烈而短暂的，并且很可能致命。大图所示的是一战中一架美国斯帕德 XIII 被一架德国福克 D.VII 追击的场面。为了保护己方轰炸机容克斯 CL.IJ10 撤离战场，福克 D.VII 飞机正在展开反击。

防御性攻击

另外一架德国福克 D.VII 也迅速加入了战斗，为正在进行攻击的那架福克飞机提供掩护。恩斯特·乌德特驾驶编号14的战斗机，是德国战绩第二的王牌飞行员。

有创意的伪装

在一战中，德国军队及其盟国在战机上涂色，并使用特别标记使敌人很难侦察到他们。那些伪装性的图案大都精致而且色彩鲜艳。

法国的斯帕德 XIII
法国空军的飞机涂有彩色伪装图案。

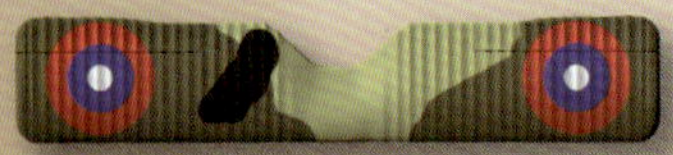

英国的基本图案
英国皇家飞行队有标准的迷彩图案。

德国的蓝紫色菱形
德国飞机使用蓝紫色作为伪装色。

燃烧的火球

一架斯帕德 XIII 带着燃烧的火焰从空中跌落。一旦被机枪打中，飞机非常容易着火、散架。发动机和燃料箱是敌方攻击的目标。飞行员和观察员在飞行时不配备降落伞。

最高速度　斯帕德XIII 218千米/小时　马赫数 11500千米/小时　1000千米/小时　2000千米/小时　2500千米/小时　3000千米/小时　3500千米/小时

空中争霸：斯帕德 XIII 39

容克斯 CL.IJ10
德国在第一次世界大战后期引入的一种全金属骨架的高效战斗机。但由于进入战场太晚，它并没有对战争产生太大影响。

福克 D.VII
埃贡·考布茨驾驶着编号 12 的福克 D.VII，做了一个半滚倒转并向敌机开火。他在战争中取得了 9 次空战的胜利。

红男爵
福克 DR.1 三翼机于 1918 年，也就是第一次世界大战的最后一年开始服役。被称为德国"红男爵"的曼弗雷德·冯·里希特霍芬是有着 80 次空战胜利战绩的顶级王牌飞行员。1918 年 4 月 21 日，他驾驶一架福克 DR.1 三翼机参战，在空战中被击落阵亡。

双枪齐发
最初，侦察机飞越战场并不装备武器，可以自由地进行目视侦测和拍照。后来飞行员和观察员飞行时佩带了手枪或步枪，从而引发了空中战斗。机枪很快成为了最有效的空中武器。

斯帕德 XIII
美国斯帕德 XIII 型中的"史密斯 IV"被多名飞行员驾驶过，共取得了 6 次空战的胜利。1918 年，在具有决定性的圣米耶勒战役中，第二十二空军中队的亚瑟·雷蒙德·布鲁克斯驾驶着这架飞机。

聚焦·飞行器

威德尔-威廉姆斯
机长：7.1米
翼展：8.1米
重量：658千克
发动机：普拉特-惠特尼公司生产的"小黄蜂"发动机
机组人员和乘客人数：1名驾驶员

威德尔-威廉姆斯：
竞赛飞机

20世纪20年代，飞行竞赛变得流行起来。水上飞机的竞赛有施奈德杯，而陆上飞机的竞赛有普利策杯。当时最著名的飞行员都参与了这些飞行竞赛。20世纪30年代，飞行员吉姆·威德尔和哈里·威廉姆斯设计了其中一些速度最快的竞赛飞机。在美国俄亥俄州克利夫兰举行的全国飞行竞赛中，他们的威德尔-威廉姆斯飞机大放异彩。一场从加利福尼亚州到克利夫兰的大陆飞越赛拉开了这项年度比赛的帷幕。但要赢得著名的汤普森杯，飞行员们要完成一项16千米长的封闭环线飞行，这在飞行总长160千米和480千米的比赛中都是一个必须完成的项目。胆大的飞行员表演快速向下俯冲和穿越塔门竞速，吸引了大量观众。

威德尔-威廉姆斯44号
1933年，吉姆·威德尔驾驶编号44的竞赛飞机以382.9千米的时速赢得了汤普森杯。

吉比飞机
吉米·杜立特驾驶一架吉比飞机以406.7千米的时速赢得了1932年的汤普森杯。

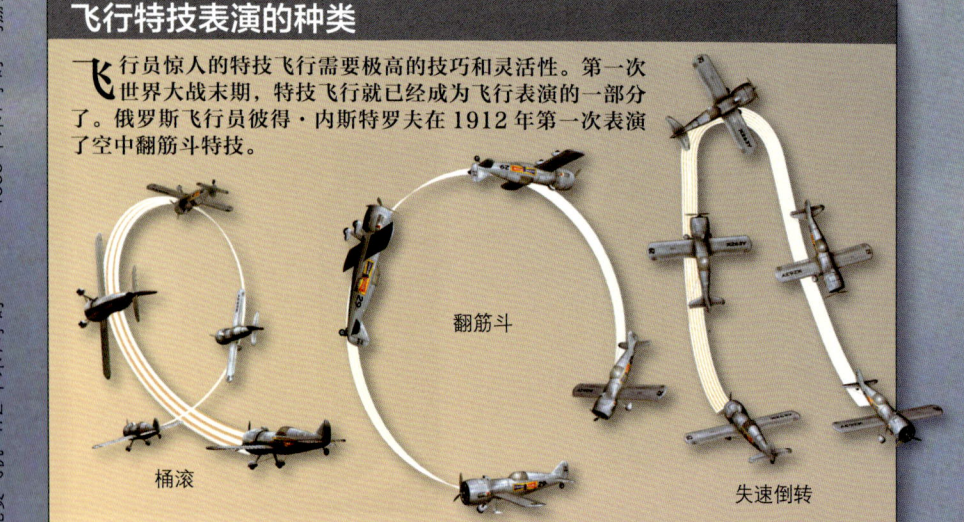

飞行特技表演的种类

飞行员惊人的特技飞行需要极高的技巧和灵活性。第一次世界大战末期，特技飞行就已经成为飞行表演的一部分了。俄罗斯飞行员彼得·内斯特罗夫在1912年第一次表演了空中翻筋斗特技。

翻筋斗

桶滚

失速倒转

全速前进

20世纪30年代，竞赛飞机在速度提升上依赖于强劲的发动机而不是流线型的设计。这些飞机因此常常处于危险境地。吉比飞机速度非常快，但短机翼和强劲发动机的结合使它很难操控。所有的吉比飞机全部坠毁，5名参赛飞行员，甚至连它的设计者都因它而丧生。但是，这些比赛对飞行历史的进程产生了重要的影响，鼓舞着每一位飞行家对速度和距离发起新的挑战。

威德尔－威廉姆斯：竞赛飞机 41

全国飞行竞赛
在1920年到1949年间，美国每年都举行全国飞行竞赛。观众们可以看到飞行特技、飞艇、滑翔机、跳伞等表演，其中还包括一场女子飞行比赛。

阿梅莉娅·埃尔哈特
包括阿梅莉娅·埃尔哈特在内的23名女性飞行员参加了第一次女子飞行比赛。在20世纪30年代，她创造了女性飞行员在飞行速度和高度上的纪录。1937年，她在试图创造一项新的环球飞行纪录的过程中失踪了。

威德尔－威廉姆斯92号
1932年，飞行员吉米·海斯利普驾驶编号92的威德尔－威廉姆斯飞机赢得了本迪克斯杯。

阿弗罗"兰开斯特"轰炸机

阿弗罗"兰开斯特"轰炸机

机长	21.2米
翼展	31.1米
重量	16705千克（空重）
发动机	4台劳斯莱斯-梅林发动机
机组人员和乘客数量	1名驾驶员和6名机组人员

在第二次世界大战中，阿弗罗"兰开斯特"轰炸机承担了盟军对纳粹德国实行战略轰炸的大部分任务。它有5.8米高，是英国皇家空军（RAF）最出色的夜间轰炸机，完成了15万架次的对敌军事行动。第一代强大的"兰开斯特"轰炸机——MK-1系列是在1941年投入使用的。这种有4台发动机的轰炸机拥有8挺机枪和1个能携带1万千克弹药的弹药舱。这种皇家空军的轰炸机以城市和工业区为目标，给德国造成了毁灭性的打击。在1945年著名的"大满贯"任务中，一个名为"水坝破坏者"的"兰开斯特"中队炸毁了比勒弗尔德大桥。

夜间任务

夜间任务是极度危险的，要面临敌方猛烈的防空火力和夜间战斗机。轰炸机随时都可能在没有防备的情况下被爆炸的炮弹弹片或高射炮火力击中。皇家空军的轰炸机都被涂成墨绿色或棕色，来躲避敌方的侦测。但是纳粹德国空军的夜间战斗机使用了雷达探测系统，可以将来袭的轰炸机击落。

无线电操作员

前置机枪
当敌机进入射程时，投弹手操控前置机枪进行攻击。

投弹手
在机头处，投弹手伸直身体趴在防弹玻璃罩的后面。他对轰炸目标进行准确定位后就会投放炸弹。

狭窄的空间
夜间任务都是在"兰开斯特"轰炸机的狭小空间内完成的。飞到一定高度时，机组人员需要特殊的飞行设备和氧气。

7名成员
机组人员包括一名驾驶员、一名身为飞行技师的副驾驶员、一名投弹手、一名领航员、一名无线电操作员和两名机尾射手。

领航员
领航员坐的位置用帘幕挡住，这样可以避免敌人发现他看地图时用的灯光。

阿弗罗"兰开斯特"轰炸机 43

在火焰中坠落
英国皇家空军在二战中损失了大约3920架"兰开斯特"轰炸机，被击中的结果通常是机毁人亡。

"艾诺拉·盖伊号"
波音公司制造的B-29"超级空中堡垒"轰炸机"艾诺拉·盖伊号"是第二次世界大战中最著名的战略轰炸机。1945年8月6日，"艾诺拉·盖伊号"轰炸机把第一颗原子弹投向了日本的广岛。

顶部机枪转台
在这个关键的防守位置上，机枪手操控着两挺机枪。由于温度会降到-40℃，位于机尾的人员需要穿戴加厚的防寒服装来御寒。

机尾射手
敌方的战斗机通常从轰炸机的后方和下方发起攻击，因此机尾安置机枪的位置上装载着4挺火力强大的勃朗宁7.7毫米口径机枪。

"卡塔莉娜" Guba II 水上飞机

"卡塔莉娜" Guba II

机长	19.5米
翼展	31.7米
重量	908千克
发动机	两台607千瓦的普拉特-惠特尼"黄蜂"星型发动机
机组人员和乘客人数	2名驾驶员，10名乘客

1938 年，美国自然历史博物馆的赞助者理查德·阿克伯德勘查太平洋上的新几内亚岛。为了在这个遥远而且几乎未勘探过的岛屿上调查其高原上的河流和湖泊，这次探险需要一架水上飞机。阿克伯德选择了一架联合公司 PBY 系列中的"卡塔莉娜"飞机，并将其命名为 Guba II。这个全金属的"飞行船"宽而薄，并有足够的空间容纳 2 名驾驶员和 10 名乘客，以及研究仪器、帐篷、给养等各种物品。阿克伯德和他的科学团队最终驾驶这架水上飞机飞越了新几内亚多山的内陆，并在一个巨大的湖泊上成功降落。他们在那里发现了一个与世隔绝的小村落聚集区，当地人靠农耕自给自足。

无所不至

道尼尔 Do228 飞机通过使用标准的着陆装置（即雪橇式起落架）能够在很短的距离内降落。这种涡轮螺旋桨飞机是执行营救、救火、紧急医疗等空运任务的理想工具。

隐秘的小天地

理查德·阿克伯德搭乘的"卡塔莉娜" Guba II 在偏僻的哈贝玛湖降落。这里位于新几内亚高地，四周山峰林立。探险队发现了一个以前从未被人知晓的族群，约有 6 万人。这个与世隔绝的群体居住在小型的方形建筑物里，并建有梯形的种植园。他们种植包括黄瓜、香蕉、甘薯、大豆和烟草在内的大量农作物。

可收放的浮筒

"卡塔莉娜" Guba II 设计上的一个重要创新是在每个机翼的端部装有起稳固作用的浮筒。这些浮筒在飞机飞行时处于收闭状态，这样能保证水上飞机的流线型化，从而减小阻力。

"卡塔莉娜"Guba II 水上飞机 ◀ 45

不同的水上飞机
浮筒式水上飞机休泼马林 S6b 获得了 1931 年在大不列颠举办的施奈德杯飞行赛的冠军。格鲁曼"野鸭"型飞机是一种水陆两用飞机,无论在飞机场还是在水上,它都可以完成起飞和降落。在水上漂浮时,起主要作用的是它的机身。

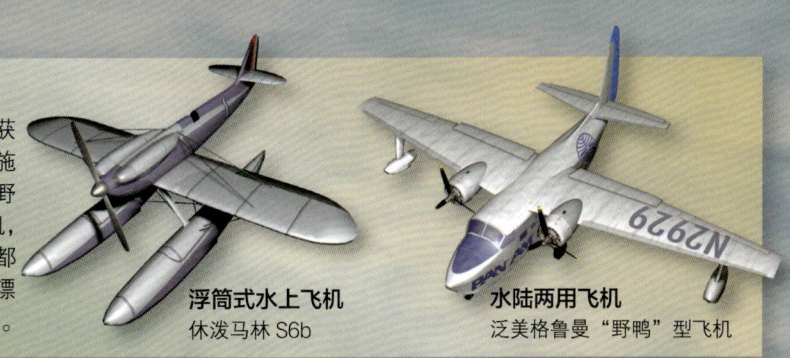

浮筒式水上飞机
休泼马林 S6b

水陆两用飞机
泛美格鲁曼"野鸭"型飞机

发动机
Guba II 是"卡塔莉娜"系列的早期型号之一,在高置上单翼的前缘装有两台普拉特-惠特尼发动机。

高置上单翼
"卡塔莉娜"Guba II 有一个独特的高置上单翼,由机身两侧的流线型支架支撑。高于机身的机翼有助于防止发动机进水。

机翼支架

观察区
"卡塔莉娜"Guba II 的机头部位设有一个瞭望台,在这个位置上可以很容易寻找到河流或湖泊上的降落点。

进舱口
乘客、机组人员以及货物通过进舱口进出水上飞机。机身后部还有一个货物的装卸舱门。

F/A-18"大黄蜂"战斗机

机长：17米
翼展：11.4米
重量：11200千克（空重）
发动机：两台通用电气公司生产的F404-400涡轮风扇发动机
机组人员和乘客人数：1名驾驶员

敏捷的攻击机

一架F/A-18"大黄蜂"从美军尼米兹级航空母舰上起飞，将执行一项夜间任务。这架全副武装的高速飞机可以迅速地到达一处潜在或交火中的战场。航空母舰相当于一个浮动在海上的空军基地。飞行甲板是各种飞机进行降落和起飞活动的中心，所有起降飞行都在有限的空间内完成。

F/A-18 "大黄蜂"战斗机

F/A-18"大黄蜂"战斗机是一种全天候、多用途战斗机。几十年来，美国海军都将"大黄蜂"作为航空母舰的舰载飞机。隶属海军的顶级飞行表演队"蓝色天使"从1986年开始使用"大黄蜂"作为表演机。但是为"大黄蜂"设计的角色却是"攻击战斗机"（简称"攻击机"）。它是一种单座战斗机，可以攻击地面和空中目标。在1990年至1991年的海湾战争里，F/A-18发挥了重要的作用，它能击落敌机，也能轰炸关键目标。2002年，改进型F/A-18"超级大黄蜂"开始在美军的"林肯号"航空母舰上服役。改进后，飞机的体积更大，发动机更强劲，武器装备更加先进。2003年，"超级大黄蜂"参与了伊拉克战争的前战。F/A-18是世界上最好的全能战斗机之一。

飞机弹射器

弹射器可以使飞机的速度在两秒内从零达到266千米/小时。当飞机的发动机开始产生推力时，位持器却将飞机固定住。位持器汽缸中的蒸汽压力不断增大，当达到一定程度时，位持器就会松开并推动活塞，活塞牵引着飞机在跑道上前进。最后，滑轮和钢索会将活塞拉回原位。

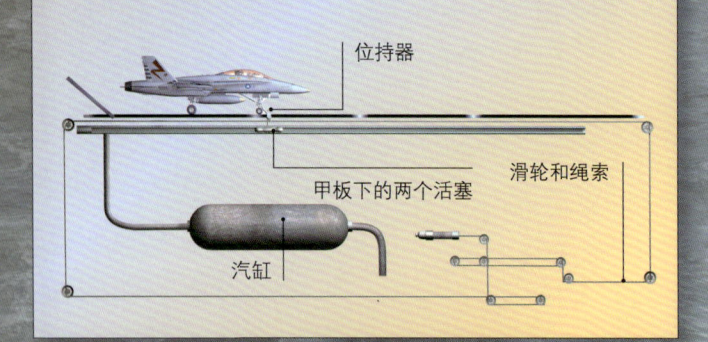

- 位持器
- 滑轮和绳索
- 甲板下的两个活塞
- 汽缸

舰岛
主要的飞行控制室位于该处，飞行指挥官及其他工作人员在这里控制着所有的飞行操作。

拦阻索
甲板上横跨着4条拦阻索。它们之间的间隔为15米。

偏流挡板
可收叠起来的钢板使飞机喷射出的气流远离甲板。

弹射轨道

F/A-18"大黄蜂"战斗机　47

展开的机翼
F/A-18"大黄蜂"采用梯形翼设计。当它降落在舰上时,机翼可以折叠起来,便于停靠或移动。

导弹
每架F/A-18"大黄蜂"都能携带若干武器,包括一门20毫米口径的机炮、空对空导弹、空对地导弹和激光制导炸弹。

飞行操控
"大黄蜂"有着先进的电子系统。驾驶舱显示设备都是计算机化的,并使用数字化的"电传操纵"飞行控制系统。

安全护网

有限空间内的降落
飞机在航母上降落是非常困难的,因为跑道只有152米长。每架航载飞机的后部都会配备一个拦阻尾钩,用来钩住飞行甲板上的拦阻索,这样就能使飞机停下来。

飞行员将拦阻尾钩放下,目标是钩住横跨在甲板上的第二条拦阻索。

飞机降落前时速241千米,但钩住拦阻索后可以在2秒钟内停下来。

F-117A "夜鹰"隐形战斗机

机长：	19.4米
翼展：	13.2米
重量：	13381千克（空重）
发动机：	两台通用电气公司生产的F404涡轮风扇发动机
机组人员和乘客人数：	1名驾驶员

V形尾翼
这种特别的V形尾翼有两个可活动的控制翼面，可以充当升降舵、方向舵和副翼。由于结合了各种功能，它们常被称为"万能舵"。

F-117A "夜鹰"隐形战斗机

在1991年的海湾战争中，难以被雷达侦测和跟踪的F-117A"夜鹰"隐形战斗机第一次向世人展示了现代隐形飞机技术。1998年，"夜鹰"又被用于科索沃战争。这种领先于时代的飞机设计源于美国在冷战时期中绝密的"黑色"武器计划。在夜间任务中，F-117A像幽灵一般飞到敌占区上空予以致命打击。它可以使用激光制导炸弹突然打击目标。单座的"夜鹰"装备了先进的导航和武器系统，包括最先进的数字化"电传操纵"飞行控制系统。虽然现在F-117A"夜鹰"已经退役，但是作为隐形技术的探路者，它将被世人铭记。

尾喷口
又宽又平的尾喷口能分散喷出的气流。这一功能对躲避红外制导导弹至关重要。

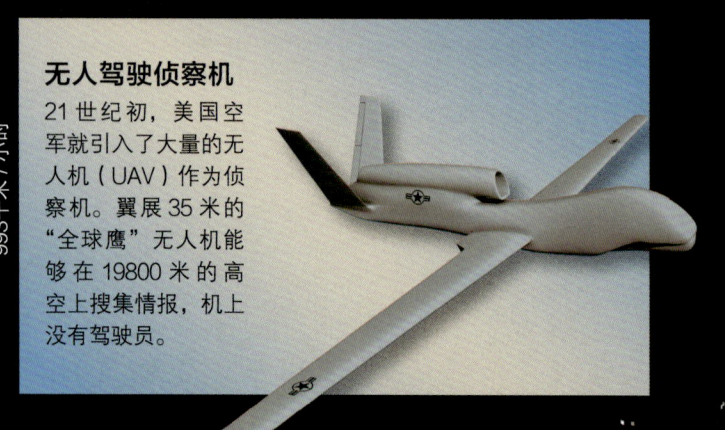

无人驾驶侦察机
21世纪初，美国空军就引入了大量的无人机（UAV）作为侦察机。翼展35米的"全球鹰"无人机能够在19800米的高空上搜集情报，机上没有驾驶员。

外壳
F-117A的外壳涂有吸收雷达信号的材料，从而能躲避敌人的雷达和红外线探测器。

探测不到的飞机

F-117A 是一种可探测性低的飞机，由于其隐形性能强大，因此很难被探测到。这种性能来自于经计算机计算生成的机翼和机身设计，带棱角的外形，以及涂有吸收雷达波材料的外壳。F-117A 装备着一个载有两枚激光制导炸弹的内部武器舱。更新型的则可以利用卫星制导，在恶劣天气里或隐蔽在烟幕中打击敌人，同时躲避敌人的导弹。

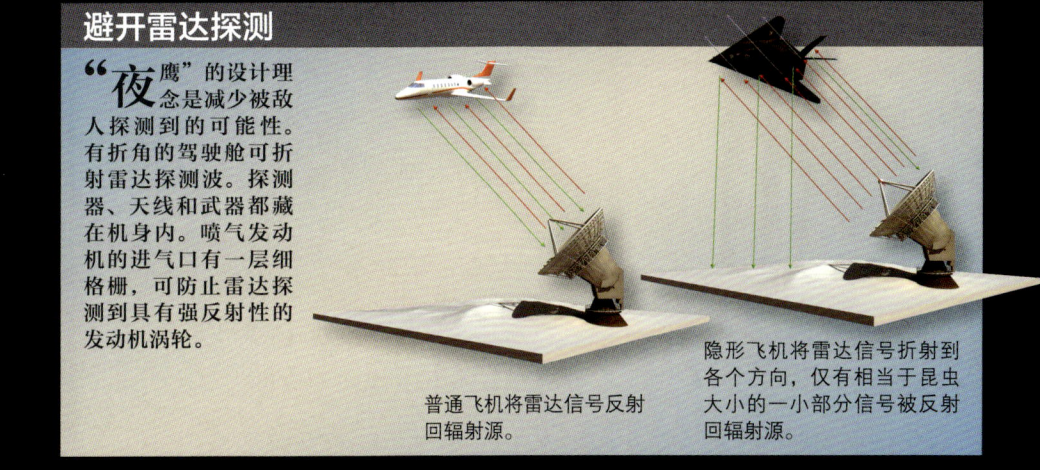

避开雷达探测

"夜鹰"的设计理念是减少被敌人探测到的可能性。有折角的驾驶舱可折射雷达探测波。探测器、天线和武器都藏在机身内。喷气发动机的进气口有一层细格栅，可防止雷达探测到具有强反射性的发动机涡轮。

普通飞机将雷达信号反射回辐射源。

隐形飞机将雷达信号折射到各个方向，仅有相当于昆虫大小的一小部分信号被反射回辐射源。

驾驶舱
驾驶舱的窗户是平的，其框架的材料为高强度的轻合金。机窗位于金字塔式的机顶。窗户边缘是锯齿形的，可以使雷达探测波发生偏折。

红外线探测器
驾驶舱挡风玻璃下方是前视红外探测器（FLIR）。这个可旋转的红外探测器用于探明目标。

智能炸弹
第一架实战 F-117A 飞机装备了两枚 GBU-27 激光制导炸弹，它们的重量为 1800 千克。

发动机进气口
发动机的进气口有网状格栅，可避开敌人的雷达探测。

多功能探头
"夜鹰"的机头部位有 4 根多功能大气数据探头。这些探头能收集重要的飞行数据。

F-22 "猛禽"战斗机

F-22 "猛禽"战斗机是一种新式的超音速战斗机，其令人惊叹之处是将隐形能力、高速度和可操控性完美地结合在一起。这种飞行器于 2005 年开始用于军事行动，这种机型的设计使该机很难被探测到或被击落。它的发动机能实现以马赫数 1.7 的速度进行飞行，而且它还有一个可选的超音速巡航模式，飞机无须使用燃料消耗量大的加力燃烧装置就能长时间超音速飞行。这种战斗机装备了大量武器，包括一门口径 20 毫米的机炮和机身内的隐蔽以及精确制导导弹和炸弹。飞行员从机翼和机身内的隐蔽处使用这些武器进行攻击。"猛禽"战斗机的最大飞行高度是 18300 米。

超音速巡航机

F-22 "猛禽"战斗机可以以超音速巡航。它在 9000 米的高空飞行时能够以 1725 千米/小时的速度巡航。飞行员可以操控飞机快速向上到 15240 米的高度，体验更加刺激的飞行过程。"猛禽"内部的大部分计算机系统仍处于政府的保密状态。

F-22 "猛禽"战斗机
- 机长：18.9米
- 翼展：13.6米
- 重量：19700千克（空重）
- 发动机：两台普拉特-惠特尼公司生产的 F119PW-100 发动机
- 机组人员和乘客人数：1名驾驶员

平视显示器
飞行员使用的是平视显示器（HUD）。仪表信息投影在驾驶舱的前窗上，这样飞行员就不必低头看仪表了。飞行员还安装了头盔显示器，也就是说他们可以在护目镜上查看数据。

雷达系统
机载雷达系统有一个发射器，它能在 1 秒钟内将雷达的波频转换 1000 次以上，以躲避敌方侦察。

无框驾驶舱
"猛禽"是最先使用全玻璃驾驶舱的现代战斗机之一。这块巨大的无框玻璃驾驶舱是用透明聚碳酸酯塑料做成的。

切尖三角翼
F-22 的机翼平面设计被称为切尖三角翼型。这种设计减小了尖飞行时的阻力。"猛禽"的油箱隐藏在机翼内部。

最高速度 | 0 | 500千米/小时 | 1000千米/小时 | 1500千米/小时 | 2000千米/小时 | 2414千米/小时 | 3000千米/小时 | 3500千米/小时

马赫数 1 F-22 战斗机

F-22 "猛禽"战斗机 ◀ 51

超音速飞机的机翼形状

飞机设计者们一般通过寻找新的翼形来提高超音速飞机的速度。

三角翼，"幻影"，111AO战斗机，1956年

可变翼，图波列夫Tu-26，1984年

短而薄的机翼，F-104"星"式战斗机，1954年

后掠翼，"超级军旗"攻击机，1974年

前掠翼，格鲁曼X-29A，1984年

尾翼
"猛禽"的尾翼是明显的V字形。这种设计提高了飞机的可操控性和隐形性能。

可转向的尾喷口
"猛禽"的发动机装有世界上第一个矢量尾喷口。位于发动机后面的这种尾喷口能够上下转向，从而增加飞机的可操控性。

F119双发发动机
两台动力强劲的喷气发动机能产生15900千克力的推力，可支持"猛禽"以超音速巡航。

聚焦·飞行器

空中客车 A320

机长	37.6米
翼展	34.1米
重量	42220千克
发动机	两台CFMI公司生产的CFM56-5发动机或两台IAE公司生产的V2500发动机
机组人员和乘客人数	驾驶舱内2名驾驶员，4名空中服务员，（最多）150名乘客

如履平地：空中客车 A320

空中客车 A320 是一种具有代表性的现代商业客机，可容纳 150 名乘客。A320 采用流线型设计，而且是首次使用"电传操纵"飞行控制系统的客机，并在 1984 年首次飞行。"电传操纵"系统是一种用电子计算机系统而不是机械或液压系统控制飞行的技术，用在配有若干个彩色计算机显示屏幕的新型玻璃驾驶舱中。驾驶员使用"侧杆"式控制机构操控飞机。两台强劲的涡轮风扇发动机是 A320 的主要特征之一，每台发动机能产生高达 12000 千克力的推力。发动机分别装在两侧的机翼上，在飞行过程中的噪音很小。

快速的运转

一般情况下，乘客看不到地面上众多的技师和清洁工，但商业飞行的运营离不开他们，同时也需要大量训练有素的地勤人员进行燃料补给，飞机清洁，搬运货物和行李，维护 A320 的飞行系统等。

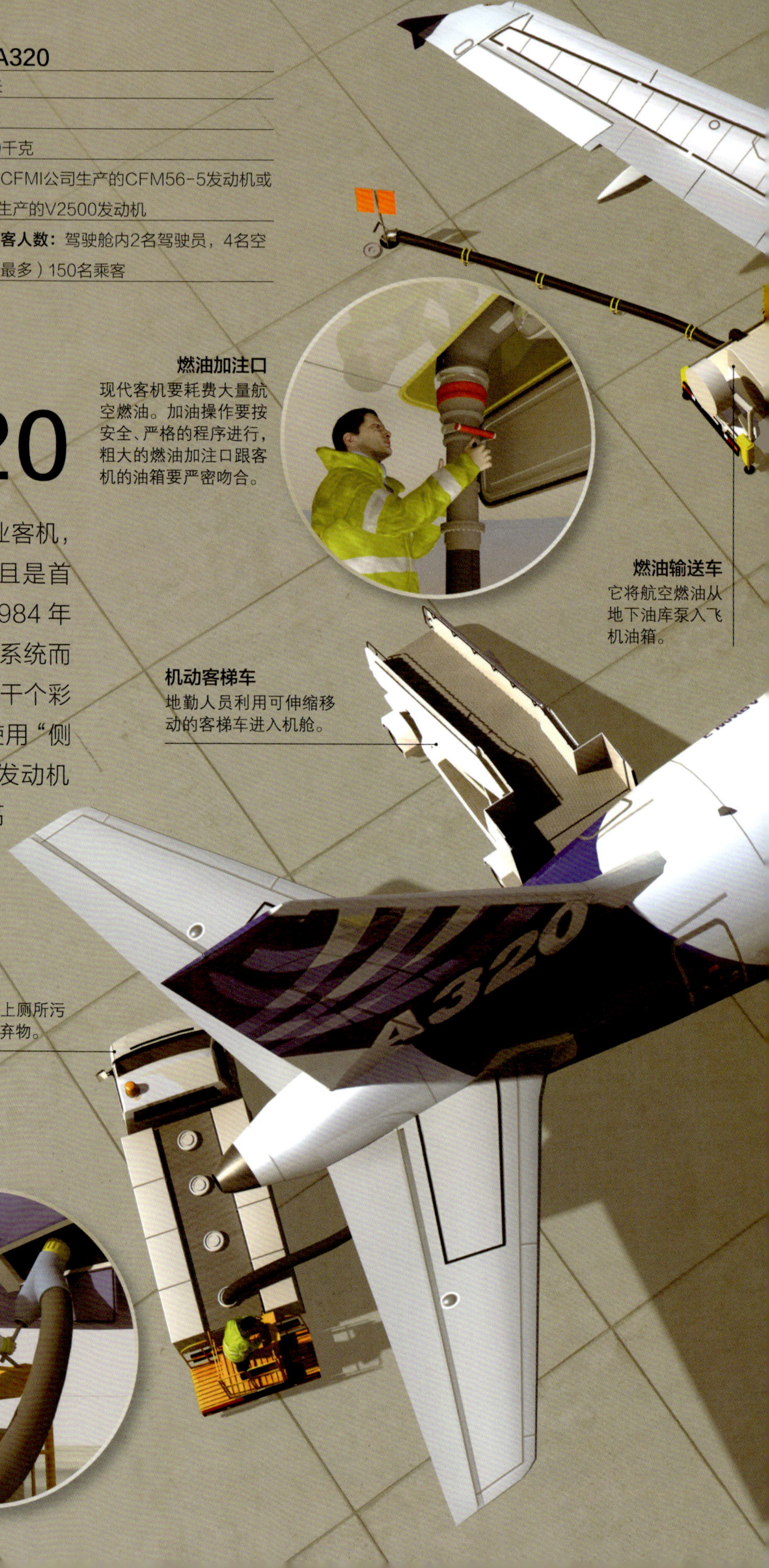

燃油加注口
现代客机要耗费大量航空燃油。加油操作要按安全、严格的程序进行，粗大的燃油加注口跟客机的油箱要严密吻合。

燃油输送车
它将航空燃油从地下油库泵入飞机油箱。

机动客梯车
地勤人员利用可伸缩移动的客梯车进入机舱。

污水车
负责运走机上厕所污水箱内的废弃物。

清空厕所
所有客机都使用真空厕所系统。清理厕所时，地勤人员使用一种特殊的卡车，车上有一个与飞机内真空厕所污水箱相连的吸泵。

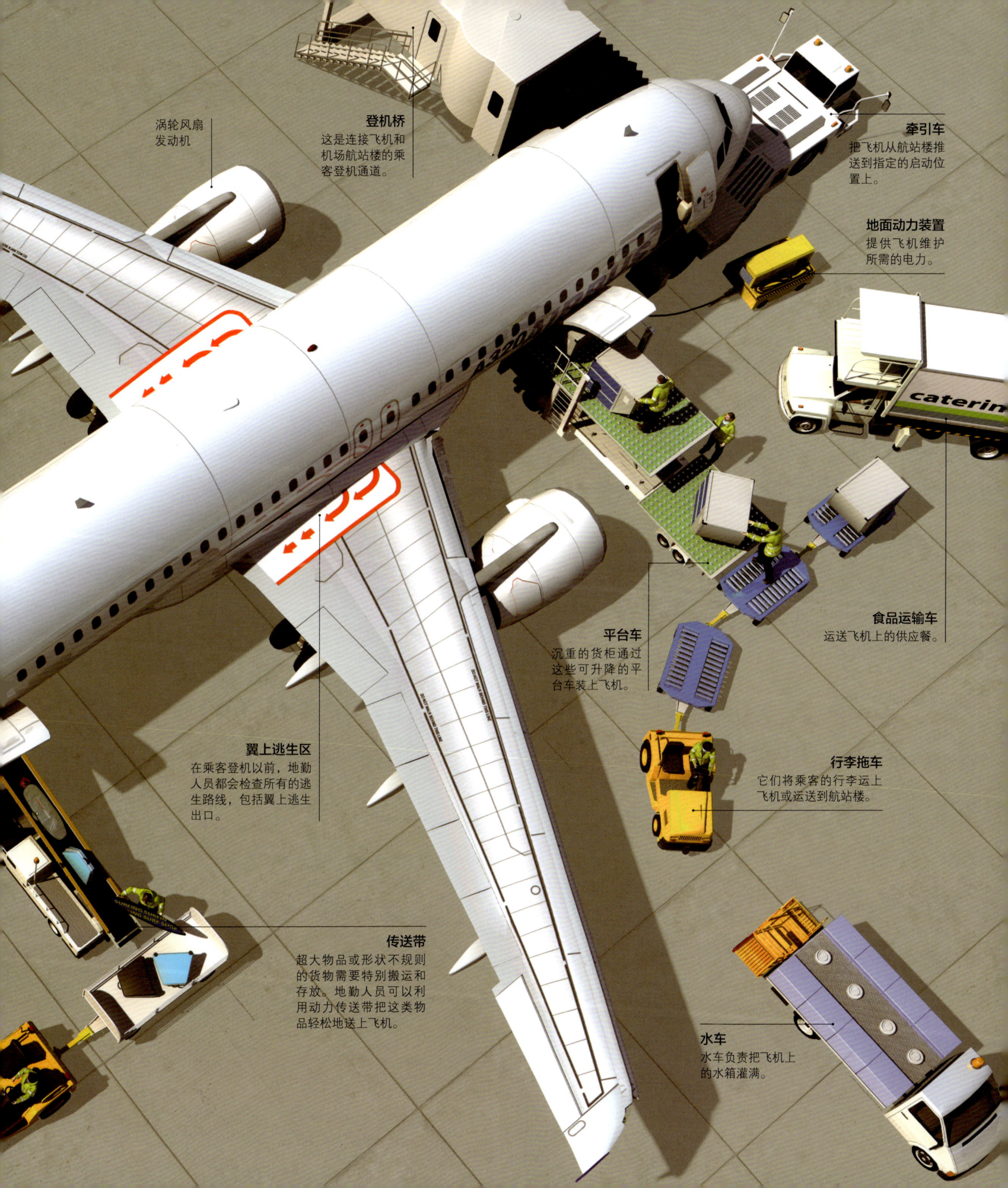

涡轮风扇发动机

登机桥
这是连接飞机和机场航站楼的乘客登机通道。

牵引车
把飞机从航站楼推送到指定的启动位置上。

地面动力装置
提供飞机维护所需的电力。

食品运输车
运送飞机上的供应餐。

平台车
沉重的货柜通过这些可升降的平台车装上飞机。

行李拖车
它们将乘客的行李运上飞机或运送到航站楼。

翼上逃生区
在乘客登机以前,地勤人员都会检查所有的逃生路线,包括翼上逃生出口。

传送带
超大物品或形状不规则的货物需要特别搬运和存放。地勤人员可以利用动力传送带把这类物品轻松地送上飞机。

水车
水车负责把飞机上的水箱灌满。

聚焦·飞行器

直升机如何飞行

直升机的水平旋翼是一副可旋转的桨叶，提供飞行所需要的升力。飞行员用来控制飞机的总螺距操纵杆和周期螺距操纵杆与之相连。无论直升机上升、下降、前进还是横向飞行，尾部小螺旋桨都会使直升机保持稳定，避免打转。

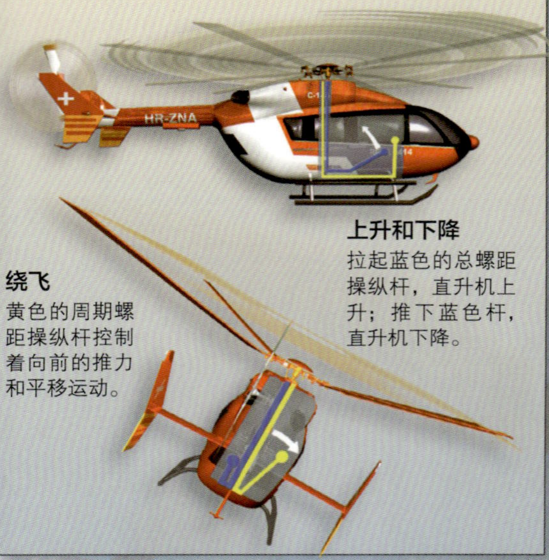

上升和下降
拉起蓝色的总螺距操纵杆，直升机上升；推下蓝色杆，直升机下降。

绕飞
黄色的周期螺距操纵杆控制着向前的推力和平移运动。

主旋翼
主旋翼是一副水平旋转的机翼，产生直升机所需的升力，对于直升机的操控也相当重要。

直升机：欧直 EC145

几个世纪以来，人们期望制造出一种飞行器，它能毫不费力地从地面升起，在空中悬停，然后安全降落，但这似乎不可能。1500年左右，著名的发明家莱昂纳多·达·芬奇第一次提出了直升机的设计理念。但直到1939年，俄罗斯裔美国设计师伊戈尔·西科斯基才制造并试飞了第一架实用直升机 VS-300。此后，直升机在第二次世界大战中起到了非常重要的作用。在越南战争中扮演了至关重要的角色。欧直 EC145 是双发动机通用直升机。今天，它因在救援工作中承担重要的角色而备受瞩目，被用于医疗急救、运输服务、交通管理、民用运输等各方面。

欧直 EC145
机长：13米
翼展：13米
重量：1792千克
发动机：两台透博梅卡公司生产的阿赫耶1E2两轴涡轮发动机
机组人员和乘客人数：1名驾驶员，9名乘客

尾旋翼
尾旋翼控制着直升机的转向，并阻止机身沿主旋翼转动的相反方向打转。

最高速度 0　246千米/小时　1000千米/小时　1500千米/小时　2000千米/小时　2500千米/小时　3000千米/小时　3500千米/小时
欧直 EC145　　　马赫数

直升机：欧直 EC145　55

技巧高超的悬停

上图为瑞士空中救援组织的飞行员驾驶一架欧直 EC145 悬停在空中，同时绞车操作员下去营救被困者上机。直升机在侧风中悬停十分困难，要想保持在固定的位置上，驾驶员必须巧妙地操控总螺距、周期螺距和方向舵。这种情况有点像一个人站在保龄球上保持平衡时，还要设法一手拍自己的头，一手揉自己的肚子。

倾转旋翼机技术

倾转旋翼机起飞或降落时旋翼垂直，像直升机一样。旋翼向前方倾斜旋转，飞机前行。倾转后的旋翼像普通螺旋桨那样工作，飞机也像普通飞机一样飞行。

起飞
旋翼垂直旋转，产生向上的升力，像直升机一样起飞。

旋翼倾斜
为满足飞行方向和动作的需要，旋翼发生倾斜旋转。

前进
当旋翼转到水平位置上后，飞机像普通飞机一样前进。

救援设备

电力救援绞车能够拉起重达 270 千克的物品，其绳索长 90 米，在树木茂密地区和海上的救援行动中必不可少。

齐柏林 NT

艇长： 75米
艇高： 17.4米
重量： 8040千克
发动机： 3台145千瓦的莱康明10-360发动机
机组人员和乘客人数： 2名驾驶员，12名乘客

现代飞艇：
齐柏林 NT

飞艇利用热空气、氢气、氦气等上升气体飞离地面，而前进时则靠发动机提供动力。1901年，热衷于飞行的巴西人阿尔贝托·桑托斯·杜蒙特发明了第一艘实用型飞艇。这是一种轻于空气但带有发动机的飞行器。他的创新使飞艇飞行这种新的飞行方式登上了历史舞台。飞艇随后发展成两种类型：软式飞艇和硬式飞艇。硬式飞艇常被称为"齐柏林飞艇"，是为了纪念费迪南德·冯·齐柏林伯爵，因为是他最先在战争时期以及和平时期使用这种飞艇。20世纪二三十年代，数千名世界各地的乘客搭乘过飞艇。在今天，飞艇仍被广泛用于广告业、旅游业和研究工作。齐柏林 NT（NT 即新技术之意）就是人们重新青睐飞艇的一个例子。

"兴登堡号"空难

1936年，乘坐"兴登堡号"飞艇从德国到美国的乘客超过1300人。然而，就在1937年发生了一场悲剧。飞艇在美国新泽西州莱克赫斯特准备着陆时发生爆炸并被烈焰吞没。35名乘客在这次事故中丧生，同时，飞艇商业运营也宣告结束。

飞艇库内部

一个现代齐柏林飞艇库里停有两艘飞艇：一艘还处于建造之中（右图），另一艘正在维护之中（下图）。在飞艇库外，还能看见一艘正在飞行的飞艇。齐柏林 NT 以它良好的可操控性而闻名，两个前发动机可倾斜到120°，后发动机可倾斜到90°。

飞行中

第三艘齐柏林 NT 在飞艇库上方飞行。我们可以清楚地看到飞艇的吊舱，里面容纳12名乘客绰绰有余。这样一艘飞艇能以高达 126 千米/小时的速度巡航飞行。

运送中

第二艘飞艇由一辆特别的拖车牵引，准备进入飞艇库接受维护。飞艇的头部与拖车紧密连接，这样地勤人员不用费很大力气就能将飞艇移入飞艇库。

现代飞艇：齐柏林 NT　57

两种飞艇
飞艇有硬式和软式两种。硬式飞艇的气囊内有固定支架。软式飞艇则通过内充气体的压力来保持它的结构。两种类型的飞艇都要依靠发动机产生的动力，并运用飞机的技术。

20世纪20年代庞大的"齐柏林伯爵号"飞艇（硬式飞艇）

软式飞艇

气囊
3层层压材料制成的气囊正被覆盖在金属框架上。气囊里面有两个充满氦气的巨大气袋。不易燃烧的氦气能很好地提供升力。

支架
齐柏林 NT 内部的骨架结构是固定的，而且耐用，其中包括庞大的铝制横梁以及碳纤维桁架。

▶ 聚焦·飞行器

飞行的汽车

人类很早就梦想发明一种超前的飞行汽车。一些人认为，飞行汽车在21世纪能够成为现实，它可以垂直起飞和降落，也可以亚音速停，并能以亚音速飞行。

步入未来："太空船1号"

具有超时代意义的"太空船1号"获得了2004年的安萨里X奖。该奖项的奖金达数百万美元，用于奖励第一个穿过地球大气层进入宇宙空间的私人航天器。"太空船1号"启动后迅速飞到海拔112千米的高度，打破了火箭动力飞机X-15在20世纪60年代创下的纪录。"太空船1号"在15240米的高空从运载母机"白骑士"上发射出去，然后靠自身动力朝宇宙空间飞去，只留下一道白烟。在所有的燃料用完之后，驾驶员大约三分半钟的时间里处于无重力状态，他可以用这段时间观察黑色的太空。整个飞行过程花了大约30分钟。

"太空船1号"

- 机长：8.5米
- 翼展：8.2米
- 重量：1200千克
- 发动机（火箭）：一台SpaceDev公司生产的SD010混合式发动机
- 机组人员和乘客人数：1名驾驶员，2名机组人员

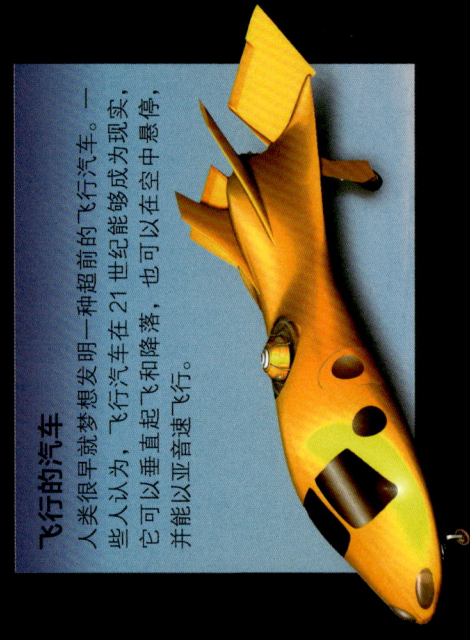

返程

到达宇宙空间后，驾驶员就开始为"太空船1号"返回大气层作准备了。驾驶员会尽量降低飞行器的速度，让外层表面不至于过热，同时推动两个操纵杆，使一对后部稳定翼翻转到垂直位置，让它们起到"降落伞"的作用。下降过程保持了相当慢的速度——287千米/小时。飞船通过减速避免某些部分过热，因此只有五分之一的外表需要热防护。最终，飞船升起尾翼，逐渐滑向地面。

空间站

未来的空间站可作为宇宙飞船的停靠设施，并为大空旅游者提供旅馆式的食宿服务。

最高速度 0　500千米/小时　1000千米/小时　1500千米/小时　2000千米/小时　2500千米/小时　3000千米/小时　"太空船1号" 3518千米/小时　马赫数1

步入未来："太空船1号" 59

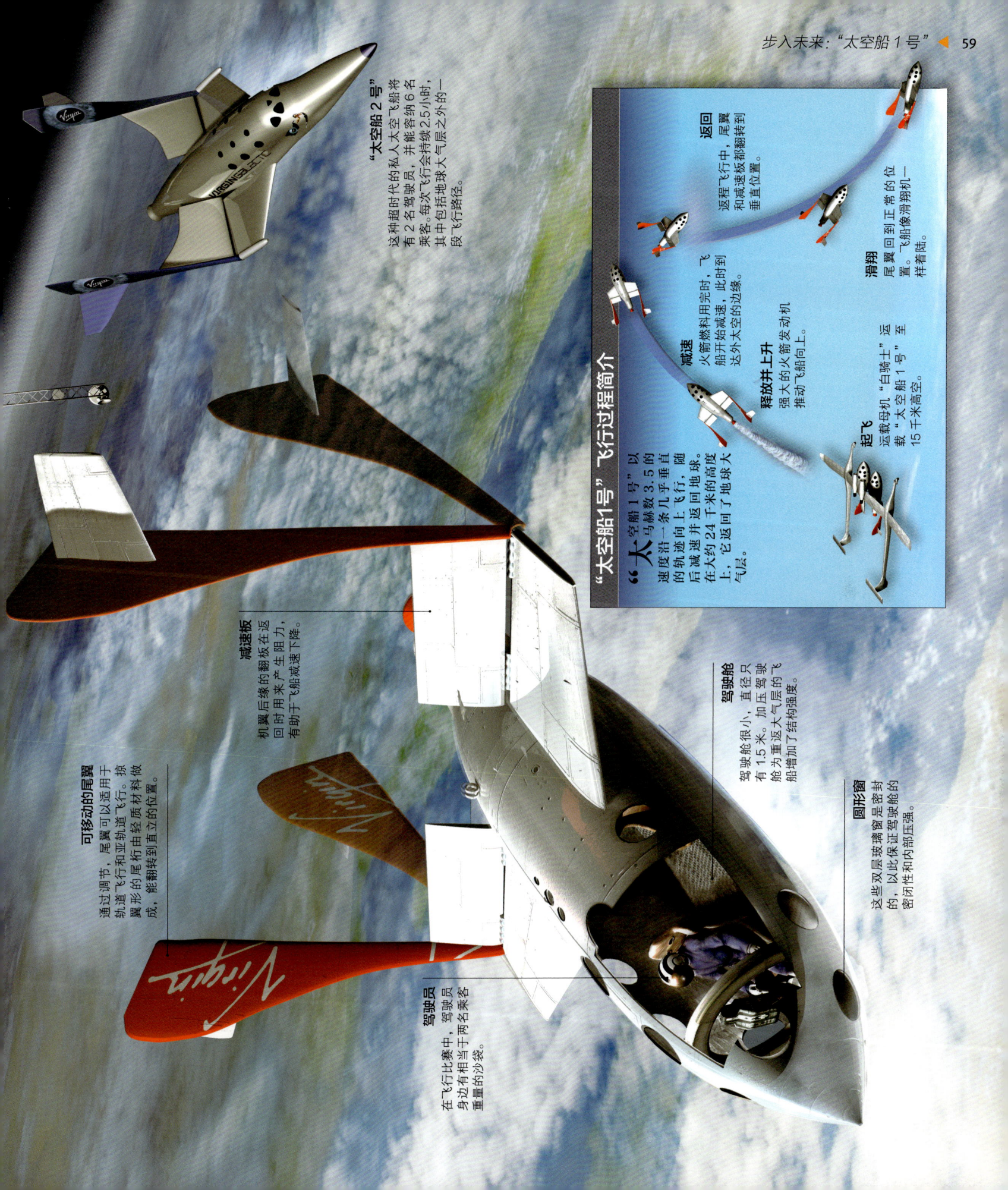

"太空船2号"

这种超时代的私人太空飞船将有2名驾驶员，并能容纳6名乘客，每次飞行会持续2.5小时，其中包括返回地球大气层之外的一段飞行路径。

"太空船1号"飞行过程简介

"太空船1号"以速度沿一条几乎垂直的轨迹向上飞行，随后减速并返回地球。在大约24千米的高度上，它返回了地球大气层。

起飞 运载母机"白骑士"运载"太空船1号"至15千米高空。

释放并上升 强大的火箭发动机推动飞船向上。

减速 火箭燃料用完时，飞船开始减速，此时到达外太空的边缘。

返回 返程飞行中，尾翼和减速板都翻转到垂直位置。

滑翔 尾翼翻回到正常的位置，飞船像滑翔机一样着陆。

可移动的尾翼
通过调节，尾翼可以适用于轨道飞行和亚轨道飞行。掠翼形的尾翼由经加固材料做成，能翻转到直立的位置。

驾驶员
在飞行比赛中，驾驶员身边有相当于两名乘客重量的沙袋。

减速板
机翼后缘的翻板产生阻力，回到飞行用来产生阻力，有助于飞船减速下降。

驾驶舱
驾驶舱很小，直径只有1.5米，加压驾驶舱为重返大气层时的飞船增加了结构强度。

圆形窗
这些双层玻璃窗是密封的，以此保证驾驶舱的密闭性和内部压强。

飞行相关资料

控制性飞行

一架飞机可以进行 3 种不同方式的运动：仰俯、滚转和偏航。在穿越气流时，这些动作决定着飞机的高度和位置。

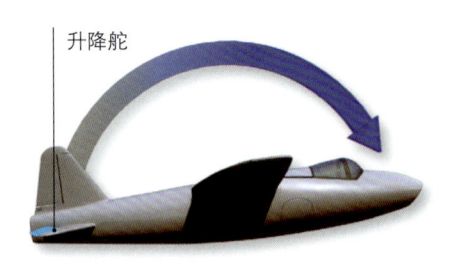

仰俯
飞机机头上仰和下俯的运动被称为仰俯。

横向滚转
副翼控制着飞机的横向左、右滚转。

偏航
飞行员通过尾部的方向舵控制机头向左或向右，也称转向。

操纵面

莱特兄弟在 1903 年第一次实现了可操控的飞行。现代飞机装有副翼、升降舵、方向舵等操纵面，可以改变气流方向，从而使飞行员能控制飞机在飞行中的方向和高度。

- **扰流器 / 减速板**
  这些装置可以使飞机在不过分减速的情况下降低高度。它们也能使飞机在降落时迅速减速。

- **升降舵**
  升降舵位于尾翼，控制着飞机的仰俯。

- **襟翼**
  机翼后缘的襟翼可以使飞机在速度较低时获得更多的升力。

- **方向舵**
  方向舵位于机尾的垂直安定面上，控制着飞机的偏航。

- **副翼**
  左右副翼分别向上、向下偏转，控制着飞机的滚转。

- **前缘缝翼**
  位于机翼前缘的前缘缝翼一般可收缩，能增加飞机的升力，尤其是在起飞和降落的时候。

著名的飞行事件

航空飞行的发展历程中写满了决心征服天空的先驱者们取得的成就。20 世纪出现了许多飞行史上激动人心的第一次，这里列举出其中的一些。

年份	飞行史上著名的第一次	飞机	飞行员
1903	有动力且可操控的飞行	"飞行者号"	莱特兄弟
1909	飞越英吉利海峡	布莱里奥 XI	路易斯·布莱里奥
1912	第一位女性飞行员飞越英吉利海峡	布莱里奥 XI	哈丽雅特·昆比
1914	圣彼得堡到基辅的往返飞行	"伊里亚·穆罗梅茨号"	伊戈尔·西科斯基
1927	第一次跨越大西洋的飞行	"圣路易斯精神号"	查尔斯·林白
1928	第一次跨越太平洋的飞行	福克 F.VIIb-3M "南十字星号"	查尔斯·金斯福德·史密斯和查尔斯·乌尔姆
1929	第一次飞艇环球飞行	"齐柏林伯爵号"	雨果·埃克纳
1931	从英国伦敦到澳大利亚达尔文市	DH.60G "吉普赛·莫斯·贾森"	艾米·约翰逊
1947	突破音障飞行	贝尔 X-1	查尔斯·耶格尔
1953	第一位以声速飞行的女性	F-86	杰奎琳·科克伦
1986	第一次飞机环球飞行	"旅行者号"	迪克·鲁坦和珍娜·耶格尔
1999	第一次热气球环球飞行	"卫星 3 号"	伯特兰·比卡德和布赖恩·琼斯
2004	私人太空船第一次进入太空	"太空船 1 号"	布赖恩·宾尼

贝尔 X-1 在 1947 年突破了音障。

飞机展示

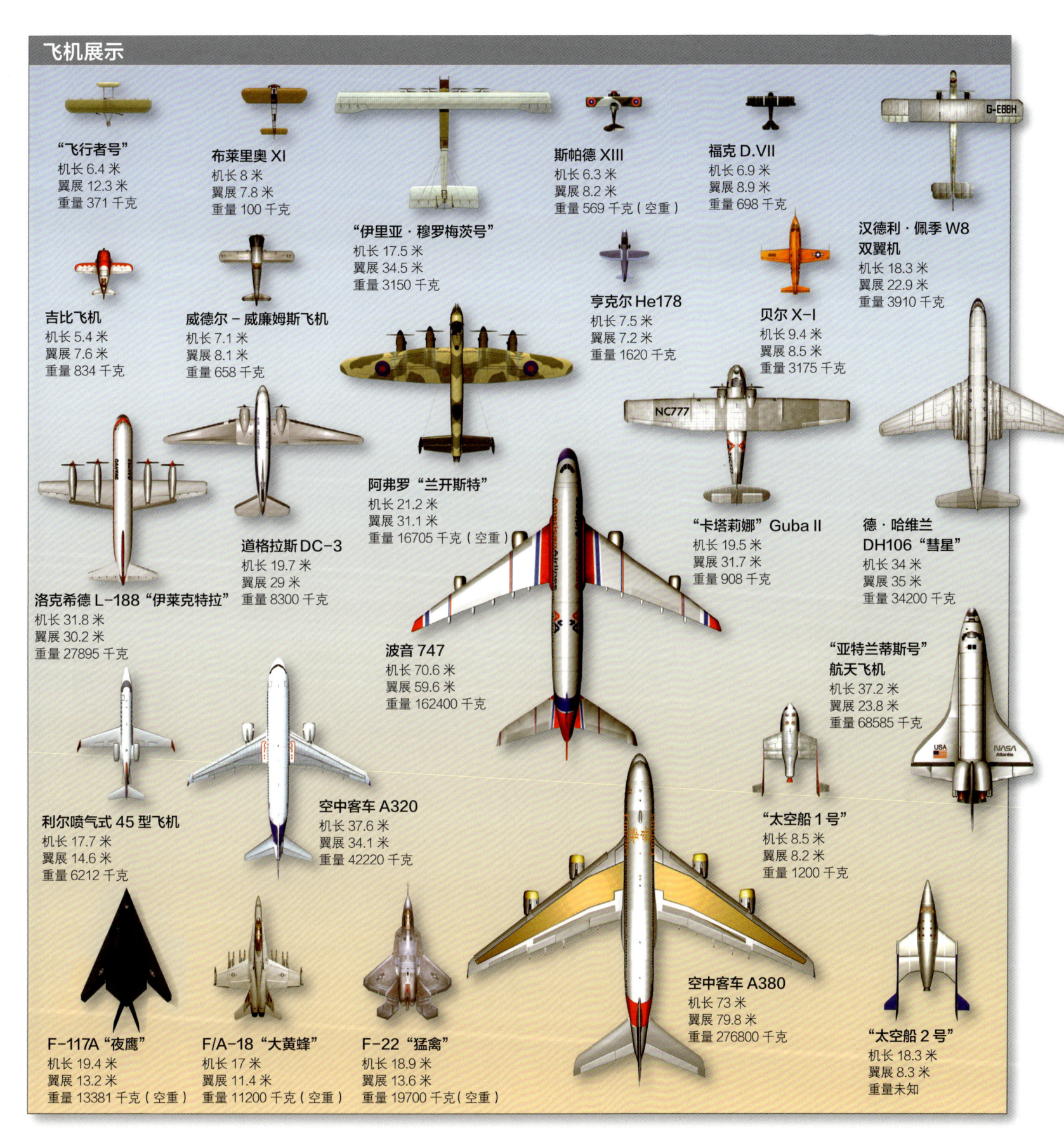

"飞行者号"
机长 6.4 米
翼展 12.3 米
重量 371 千克

布莱里奥 XI
机长 8 米
翼展 7.8 米
重量 100 千克

"伊里亚·穆罗梅茨号"
机长 17.5 米
翼展 34.5 米
重量 3150 千克

斯帕德 XIII
机长 6.3 米
翼展 8.2 米
重量 569 千克（空重）

福克 D.VII
机长 6.9 米
翼展 8.9 米
重量 698 千克

汉德利·佩季 W8 双翼机
机长 18.3 米
翼展 22.9 米
重量 3910 千克

吉比飞机
机长 5.4 米
翼展 7.6 米
重量 834 千克

威德尔－威廉姆斯飞机
机长 7.1 米
翼展 8.1 米
重量 658 千克

亨克尔 He178
机长 7.5 米
翼展 7.2 米
重量 1620 千克

贝尔 X-I
机长 9.4 米
翼展 8.5 米
重量 3175 千克

阿弗罗"兰开斯特"
机长 21.2 米
翼展 31.1 米
重量 16705 千克（空重）

洛克希德 L-188 "伊莱克特拉"
机长 31.8 米
翼展 30.2 米
重量 27895 千克

道格拉斯 DC-3
机长 19.7 米
翼展 29 米
重量 8300 千克

"卡塔莉娜" Guba II
机长 19.5 米
翼展 31.7 米
重量 908 千克

德·哈维兰 DH106 "彗星"
机长 34 米
翼展 35 米
重量 34200 千克

波音 747
机长 70.6 米
翼展 59.6 米
重量 162400 千克

"亚特兰蒂斯号"航天飞机
机长 37.2 米
翼展 23.8 米
重量 68585 千克

利尔喷气式 45 型飞机
机长 17.7 米
翼展 14.6 米
重量 6212 千克

空中客车 A320
机长 37.6 米
翼展 34.1 米
重量 42220 千克

"太空船 1 号"
机长 8.5 米
翼展 8.2 米
重量 1200 千克

F-117A "夜鹰"
机长 19.4 米
翼展 13.2 米
重量 13381 千克（空重）

F/A-18 "大黄蜂"
机长 17 米
翼展 11.4 米
重量 11200 千克（空重）

F-22 "猛禽"
机长 18.9 米
翼展 13.6 米
重量 19700 千克（空重）

空中客车 A380
机长 73 米
翼展 79.8 米
重量 276800 千克

"太空船 2 号"
机长 18.3 米
翼展 8.3 米
重量未知

词汇表

安萨里X奖（Ansari X）
为鼓励私人载人航天技术的创新而设立的一个大奖，获奖条件是：利用自制的飞行器将3名乘客送到100千米外的太空并安全接返，并且还要在两周内用同一架飞行器重复一次这样的载人飞行。

玻璃座舱（glass cockpit）
指使用计算机等电子仪器，而不是传统的机械仪表的飞机驾驶舱。

侧风（cross wind）
指来自飞机两侧的横向气流。

超音速飞行（supersonic）
以高于声速的速度飞行。

初级飞羽（primary feathers）
鸟类翅膀上最靠外的羽毛，提供飞行推动力。

垂直安定面（fin）
飞机尾部固定的垂直部分，用于保持飞机沿直线向前飞行。

单翼机（monoplane）
有一副机翼的固定翼飞机。

地面温差上升气流（thermal）
指的是一股上升的气流团，滑翔机和鸟类常借助它来爬升。

第二次世界大战（World War II）
发生于1939年到1945年间，众多国家卷入其中的一场战争。

第一次世界大战（World War I）
发生于1914年到1918年间，众多国家卷入其中的一场战争。

"电传操纵"飞行控制系统（fly-by-wire system）
以计算机为核心的一种现代化飞行控制形式，以电子控制系统代替原来副翼、襟翼和方向舵之间的机械或液压式操控方式，可起到稳定飞机动作、实现最优化飞行状态的作用。

吊舱（gondola）
飞艇上乘客和机组人员所在的机舱。

方向舵（rudder）
固定在垂直安定面上的可转动的控制面，用于控制方向。

飞机（aeroplane）
重于空气且依靠动力飞行的飞行器。

飞艇（airship/dirigible）
轻于空气的飞行器，由发动机推动并可以驾驶。

飞行船（flying boat）
一种机身像船体一样，可在水上起飞、降落的飞机。

风洞（wind tunnels）
一种用来进行空气动力学研究的装置，通常是一根很长的管道，里面可以制造出不同流速的气流。

风筝（kite）
一种随风力上升的，系在绳子上的飞行装置。风筝是第一种重于空气的飞行器。

浮筒式水上飞机（float plane）
靠浮筒保持平衡，可在水面起水降落的飞机。

副翼（ailerons）
装在机翼上的可转动的控制面，用于调整两侧机翼的升力。

高级滑翔机（sailplane）
为借助地面温差上升气流或地形上升气流滑翔而特别设计的高性能滑翔机。

轨道运行（orbit）
指环绕着地球或太空中的其他行星或恒星运行。

海拔（altitude）
海拔指相对于海平面的高度。

航天飞机（space shuttle）
一种用于进入或接近地球轨道飞行的、可重复使用的航天器。

横向滚转（roll）
空气动力学术语，用于描述飞机横向的左右滚动。

红外制导导弹（infrared missiles）
通过红外线追踪系统锁定目标的火箭动力导弹。它们探测物体的方式与用在许多全自动照相机上的自动聚焦装置很类似。

滑翔机（glider）
一种自身没有动力装置且重于空气的飞行器。

机身（fuselage）
飞机的主要或核心部分。

驾驶舱（cockpit）
一个开放或封闭的隔间，驾驶员和机组人员坐在里面驾驶飞行器。

襟翼（wing flap）
指在飞机起飞和降落时可向下偏转以增加升力的翼面。

空气动力学（aerodynamics）
研究空气自身规律和飞行器如何飞行的科学。

空中交通管制（ATC—Air Traffic Control）
对飞行中的飞机以及在机场上起飞、降落的飞机进行有序控制和管理。

跨音速飞行（transonic）
跨越音障的飞行。

雷达（radar）
一种使用无线电波导航或探测空中物体的电子设备。

流线型化（streamlining）
带有平滑表面的机翼和机身设计，目的是减小空气的阻力。

螺旋桨（propeller）
指由发动机驱动的一组叶片，拉动或推动飞机在空中飞行。

马赫数（Mach number）
对声速的一种表达方法，一般用于航空领域。马赫数1就是声速。飞机以马赫数2飞行，就是指该飞机以两倍声速飞行。

偏航（yaw）
空气动力学术语，用于描述飞机机头的左右转向。

扑翼机（ornithopter）
指机翼能像鸟和昆虫翅膀那样上下扑动的重航空器。事实上，扑翼机一直处于理论设想中，并没有被真正制造出来。

起落架（landing gear）
支持飞机起飞、降落的一套系统。

气流（airflow）
泛指运动着的空气流。比如移动的飞行器遇到的空气流。

气体燃烧器（gas burner）
使用丙烷气体燃烧产生热量并使热气球上升的燃烧器。

前缘缝翼（wing slat）
一种与机翼前缘形成一条缝隙的狭长翼面，可提高飞机在低速飞行时的升力。

倾转旋翼机（tiltrotor）
倾转旋翼机利用旋翼像直升机一样垂直起飞或降落，起飞后旋翼倾转，像普通飞机一样前进。

热气球（balloon）
比空气轻且不可控制方向的飞行器。

热气球吊篮（balloon basket）
热气球上装载着飞行员、乘客和气体燃烧器的部分。

升降舵（elevator）
附在水平尾翼上的控制面，能使飞机上升或下降。

升力（lift）
当气流经过机翼、水平尾翼或螺旋桨叶片等翼型结构时所产生的向上的力。

声速（speed of sound）
声音的传播速度会根据空气的密度变化而变化。在高海拔地区，声速为1065千米/小时；在海平面附近，声速为1223千米/小时。

失速（stall）
指的是经过机翼的气流发生分离而导致升力突然下降，使飞机不能正常飞行的现象。

双翼机（biplane）
有上、下两副机翼的固定翼飞机。

水陆两用飞机（amphibian）
一种由机身提供水中浮力并可以在陆地降落的水上飞机。

水平尾翼（tailplane）
飞机尾部固定的水平部分，用于保持飞机的平稳，也被称为水平安定面。

塔门竞速（pylon racing）
沿着用彩色标塔标记的路线进行的贴近地面或水面的竞速飞行。

弹射器（catapult）
一种以蒸汽为动力的装置，协助航空母舰或船只上的飞机起飞。

弹射座椅（ejection seat）
一种火箭动力的座椅，能将飞行员推出或弹出飞机。随后飞行员用降落伞安全落地。

推力（thrust）
由螺旋桨或喷气发动机产生的动力，飞机靠这一动力在空中前进。

稳定性（stability）
飞机在飞行时保持平稳的能力。飞机依靠机翼、机身和水平尾翼进行安全、平稳的飞行。

旋翼（rotors）
指两个或两个以上细长的翼状结构，也称做叶片，为直升机或旋翼机提供升力。

旋翼机（autogiro）
通过旋转的机翼获得升力的一种飞机。

亚音速飞行（subsonic）
以低于声速的速度飞行。

仰俯（pitch）
空气动力学术语，用于描述飞机机头的上下运动。

仪表着陆系统（ILS，Instrument Landing System）
使用无线电波导航，依靠机上仪表和地面的信号识别灯，来控制飞机最终完成着陆的系统。

音爆（sonic boom）
飞机超音速飞行时产生的冲击波所引起的雷鸣般的巨响。

音障（sound barrier）
空气动力学意义上的一层看不见的"声音障碍"，曾被认为限制了飞行器的速度。飞机在接近声速飞行时会产生强烈的震颤。

侦察机（reconnaissance plane）
为在敌方领土上空进行观测而设计的军用飞机。侦察机可用于目视观测或者拍摄照片，也可进行电子侦察。

直升机（helicopter）
一种依靠动力旋翼提供升力的飞行器。

重航空器（aerodyne）
本身重量比同体积空气重的航空器。

周期螺距（cyclic pitch）
操控直升机的横向移动。

自动驾驶仪（autopilot）
一种自动控制装置，可以维持飞机水平飞行以及在驾驶员选择的设定航线上飞行。

总螺距（collective pitch）
可控制直升机的上升和下降。

阻力（drag）
飞行器穿越空气时产生的阻挡力，其大小主要由飞机形状决定。

A

阿尔贝托·桑托斯·杜蒙特 / Santos-Dumont, Alberto, 21,56
阿尔戈斯发动机 / Argus engines, 23
阿弗罗"兰开斯特" / Avro Lancaster, 42~43,61
阿基米德 / Archimedes, 16
阿梅莉亚·埃尔哈特 / Earhart, Amelia, 41
"艾诺拉·盖伊号" / Enola Gay, 43
安萨里X奖 / Ansari X Prize, 58
安塞尔姆·弗兰次 / Franz, Anselm, 24
奥托·李林塔尔 / Lilienthal, Otto, 18
奥威尔·莱特 / Wright, Orville, 34,35

B

贝尔X-1 / Bell X-1, 28~29,60,61
彼得·内斯特罗夫 / Nesterov, Peter, 40
蝙蝠（哺乳动物）/ bats (mammals), 10
丙烷气体 / propane gas, 9
波音747 / Boeing 747, 24,26,27,61
伯特兰·比卡德 / Piccard, Bertrand, 16,60
布莱里奥XI / Blériot XI, 36~37,60,61
布莱特林热气球"卫星3号" / Breitling Orbiter 3, 16,60
布赖恩·琼斯 / Jones, Brian, 16,60

C

查尔斯·泰勒 / Taylor, Charles, 35
查尔斯·耶格尔 / Yeager, charles, 28~29,60
长途飞行 / long-distance flight, 22,26,27
"超级大黄蜂" / Super Hornet, 46
超人 / Superman, 12
超音速飞行 / supersonic flight, 28~29,30,50
传说 / legends, 12~13

D

DH106"彗星"客机 / DH106 Comet, 26,61
"大黄蜂"战斗机 / Hornet, 46~47,61
大型喷气式客机 / jumbo jets, 26,27
代达罗斯 / Daedalus, 12,13
单翼机 / monoplanes, 19,20,21
道格拉斯DC-3客机 / Douglas DC-3, 26
道尼尔Do228飞机 / Dornier Do 228, 44
地面温差上升气流 / thermals, 10,19
地形上升气流 / updraughts, 10,19
"电传操纵"飞行控制系统 / "fly-by-wire" control system, 30,47,48,52
多翼机 / multiplane, 21

E

厄洛斯 / Eros, 12
恩斯特·乌德特 / Udet, Ernst, 38

F

F/A-18"大黄蜂"战斗机 / F/A-18 Hornet, 46~47,61
F-117A"夜鹰"隐形战斗机 / F-117A Nighthawk, 48~49,61
F-22"猛禽"战斗机 / F-22 Raptor, 50~51,61
"法兰西号" / La France, 17
方向舵 / rudders, 8,19,31,35,36,48,55,60
飞艇 / airships or dirigibles, 16~17
飞行，哺乳动物 / mammal, flying, 10
飞行船 / flying boats, 44
飞行竞赛 / air racing, 40,41
飞行器 / aircraft or flying machines, 8,14,17,20~21,22,24,34,35,54,56,58
　乘客 / passenger, 17,26~27,52~53,56
　早期飞机 / early, 22~23
飞行数据记录器 / flight data recorder (FDR), 26
飞行中的受力 / forces of flight, 8
飞鱼 / flying fish, 10
飞羽 / flight feathers, 10
飞越海峡 / Channel crossing, 36~37
费迪南德·冯·齐柏林 / von Zeppelin, Ferdinand, 56
风洞 / wind tunnels, 34
"风神号" / Eole, 20,21
风筝，日本 / Japan, kites, 14
风筝，中国 / China, kites, 14
蜂鸟 / hummingbirds, 10
弗兰克·惠特尔 / Whittle, Frank, 24
浮空器 / aerostats, 8,16
福克D.VII飞机 / Fokker D.VII, 38,39,61
副翼 / ailerons, 8,60

G

Guba II / Guba II, 44~45
高级滑翔机 / sailplanes, 18
格鲁曼"野鸭"型飞机 / Grumman Mallard, 45
格罗斯特"流星"战斗机 / Gloster Meteor, 24
滚转 / roll, 8,60

H

哈勃空间望远镜 / Hubble Space Telescope, 30
哈里·威廉姆斯 / Williams, Harry, 40
海风 / ocean winds, 10
海勒姆·马克西姆 / Maxim, Hiram, 18,20
氦气球 / helium balloons, 16
汉斯·冯·奥海恩 / von Ohain, Hans, 24,25
航空母舰 / aircraft carriers, 46~47
　降落 / landing, 47
航天飞机 / space shuttles, 30~31,61
航天飞机轨道飞行器 / space shuttle orbiters, 18
黑匣子 / black boxes, 26
亨克尔He178 / Heinkel He 178, 24~25,61
亨利·吉法尔 / Giffard, Henri, 17
"红男爵" / Red Baron, 39
红牛人力飞行大赛 / Red Bull Flugtag, 20
滑翔 / gliding, 10
滑翔机 / gliders, 18~19
"彗星"客机 / Comet, 26
火箭人 / Fusionman, 14
霍雷肖·菲利普 / Phillips, Horatio, 21

J

机枪 / machine guns, 20,38,39,42,43
机身 / fuselage, 8,21,25
机翼形状 / wing shapes, 51
吉比飞机 / Gee Bees, 40,61
吉米·杜立特 / Doolittle, Jimmy, 40
吉米·海斯利普 / Haizlip, Jimmy, 41
吉姆·威德尔 / Weddell, Jim, 40
降落伞 / parachutes, 14,30
揭路荼 / Garuda, 12
襟翼 / flaps, 60
救援工作 / rescue work, 54~55
军用航空 / military aviation, 38

K

"卡塔莉娜"Guba II 水上飞机 / Catalina seaplane, 44~45,61
凯·卡乌斯 / Kai Kawus, 12
克莱门特·阿代尔 / Ader, Clement, 20
客机 / passenger aircraft, 26~27,28,52~53
空间运输系统 / Space Transportation System (STS), 30
空间站 / space stations, 58
空气动力学 / aerodynamics, 14,18
空中堆叠 / air stacking, 27
空中格斗 / aerial dogfights, 38~39
空中交通管制 / air-traffic control, 27
空中客车A320 / Airbus A320, 52~53,61
空中客车A380 / Airbus A380, 26,27,61
空中汽车 / airplane car, 21
跨音速 / transonic speed, 29
昆虫 / insects, 10,11

L

莱昂纳多·达·芬奇 / da Vinci, Leonardo, 8,14,15,54
莱特"飞行者号" / Wright Flyer, 34~35
莱特兄弟 / Wright brothers, 8,18,26,34,35,60
"兰开斯特"轰炸机 / Lancaster bombers, 42~43,61
"蓝色天使"飞表演队 / Blue Angels, 46
雷达 / radar, 42,48,49,50
雷达探测 / radar detection, 42,49
理查德·阿克伯德 / Archbold, Richard, 44
利尔喷气式45型飞机 / Learjet 45, 8,61
路易斯·布莱里奥 / Blériot, Louis, 36~37
旅客 / travellers, 27
螺旋桨 / propellers, 22,23,24,35,37,54,55
洛克希德L-188"伊莱克特拉" / Lockheed L-188 Electra, 27,61

M

马赫数1 / Mach 1, 28
马姆斯伯里的奥利弗 / Oliver of Malmesbury, 14
曼弗雷德·冯·里希特霍芬 / von Richthofen, Manfred, 39
梅塞施密特Me262战斗机 / Messerschmitt Me 262, 24
《每日邮报》(伦敦) / Daily Mail (London), 36
"猛禽" / Raptor, 50~51,61
"迷人的格莱尼斯" / Glamorous Glennis, 28
墨丘利 / Mercury, 12

N

耐热陶瓷瓦 / heat-resistant tiles, 31
鸟类 / birds, 8,10~11,14,15
　翼骨 / wing bones, 11
"挪威号" / Norge, 16

O

欧直EC145直升机 / Eurocopter EC 145, 54~55

P

喷气发动机 / jet engines, 8,24,25
偏航 / yaw, 8,60
平视显示器 / head-up display (HUD), 50
珀伽索斯 / Pegasus, 12
扑翼机 / ornithopter, 14~15

Q

齐柏林NT / Zeppelin NT, 56~57
企鹅 / penguins, 10
起落架 / landing gear, 25,37,44
前视红外探测器 / forward-looking infrared sensor(FLIR), 49
乔治·凯利爵士 / Cayley, Sir George, 18~19
翘曲翼 / wing warping, 18,35,37
切尖三角翼 / clipped delta wing, 50
氢气球 / hydrogen balloons, 16,17
倾转旋翼机 / tiltrotors, 55
蜻蜓 / dragonflies, 11
丘比特 / Cupid, 12
全国飞行竞赛 / National Air Races, 40,41
"全球鹰"无人机 / Global Hawk UAV, 48

R

让·皮埃尔·弗朗索瓦·布朗夏尔 / Blanchard, Francois, Jean-Pierre, 16
热气球 / hot air balloons, 8~9,16~17
容克斯CL.IJ10 / Junkers CL.I J10, 38,39

S

撒迪厄斯·D.C.洛 / Lowe, Thaddeus D. C., 16
三角翼 / delta wing, 30
三翼机 / triple biplane, 20,21,39
商业客机 / commercial airliners, 26,52
上升气流 / rising air, 10,18,19
神话 / myths, 12~13
升降舵 / elevators, 8,35,48,60
升力 / lift, 8,9,17,20,54,55,57,60
矢量尾喷口 / vectoring nozzles, 51
双翼机 / biplanes, 22,26,27,61
"水坝破坏者" / Dam Busters, 42
水上飞机 / seaplanes, 44~45
舜帝 / Shun, Emperor, 12
斯科特·克罗斯菲尔德 / Crossfield, Scott, 28
斯帕德XIII / SPAD XIII, 38~39,61

T

"太空船1号" / SpaceShipOne, 58~59,61
"太空船2号" / SpaceShipTwo, 59,61
汤普森杯 / Thompson Trophy, 40
特技飞行 / aerobatics, 40
投弹手 / bombardiers, 42
图拉真·乌拉 / Vuia, Trajan, 21
推力 / thrust, 8,10,24,25,28,30,35

W

W8双翼机 / W8 biplane, 26,27,61
威德尔-威廉姆斯竞赛飞机 / Weddell-Williams racer, 40~41,61
威尔伯·莱特 / Wright, Wilbur, 34~35
伪装 / camouflage, 38
尾翼装置 / tail assembly, 18
涡轮增压发动机 / turbo engines, 24

X

夏尔·勒纳尔 / Renard, Charles, 17
协和式飞机 / Concorde, 28
新几内亚 / New Guinea, 44
信天翁 / albatross, 10
"兴登堡号"空难 / Hindenburg disaster, 56
休泼马林S6b / Supermarine S6b, 45
悬挂式滑翔机 / hang-gliders, 14,18

Y

雅克·亚历山大·恺撒·查理 / Charles, Jacques A. C., 17
雅克-艾蒂安·蒙戈菲尔耶 / Montgolfier, Jacques-Etienne, 16,17
亚瑟·克雷布斯 / Krebs, Arthur C., 17
亚瑟·雷蒙德·布鲁克斯 / Brooks, Arthur R., 39
"亚特兰蒂斯号"航天飞机 / Atlantis shuttle, 30,31
驾驶舱 / cockpit, 30
燕子 / swallows, 10,11
仰俯 / pitch, 8,60
"夜鹰" / Nighthawk, 48~49,61
伊夫·罗西 / Rossy, Yves, 14
伊戈尔·西科斯基 / Sikorsky, Igor, 22,23,54,60
伊卡洛斯 / Icarus, 12~13
"伊莱克特拉"客机 / Electra, 27
"伊里亚·穆罗梅茨号" / Il'ya Muromets, 22~23,61
伊西斯女王 / Isis, Queen, 12
仪表着陆系统 / Instrument Landing System (ILS), 27
音障 / sound barrier, 28~29
隐形飞机 / stealth aircraft, 48~49
羽毛 / feathers, 10,12,13
原子弹 / atomic bomb, 43
约翰·杰弗里斯 / Jeffries, John, 16
约瑟夫·蒙戈菲尔耶 / Montgolfier, Joseph, 17

Z

炸弹 / bombs, 42,47,48,49,50
侦察机 / spy planes, 48
振翅 / flapping, 10
蒸汽动力飞艇 / steam-powered airship, 17
直升机 / helicopters, 14,54~55
重航空器 / aerodynes, 8,19,20,34
重力 / gravity, 8
阻力 / drag, 8,25,37,44,59
座舱通话记录仪 / cockpit voice recorder (CVR), 26